सुपर जीनियस कंप्यूटर लर्नर 1

मनुज बजाज • **अनिल अहलावत**

बी.ई. बी.ई.

इंजीनियरिंग कॉलेज, दिल्ली पुणे यूनिवर्सिटी

भूमिका

प्रो. बी.पी. खण्डेलवाल

पूर्व चेयरमैन, सी.बी.एस.ई.

प्र
प्रभात प्रकाशन

प्रस्तावना

कंप्यूटर ही जीवन है—यह वाक्य अतिशयोक्ति नहीं कहा जाएगा; क्योंकि कंप्यूटर ने आज हमारे जीवन में एक अभिन्न स्थान बना लिया है। बैंकों से लेकर अस्पताल तक और घर से लेकर रेलवे स्टेशन तक, सभी जगह कंप्यूटर हमारा जीवन आसान करने में लगा है। आज हम सुबह उठने से लेकर देर रात सोने तक किसी-न-किसी तरह कंप्यूटर से जुड़े रहते हैं। इसके उदाहरण हैं—ई-मेल, मोबाइल फोन, ए.टी.एम. इत्यादि। आज टी.वी., रेडियो, कार, मौसम की जानकारी, बैंक कार्य, शिक्षा, खरीददारी, सीमाओं की रक्षा, मनोरंजन, स्वास्थ्य, यात्रा आदि लगभग सभी कार्य कंप्यूटर की सहायता से हो रहे हैं। इसलिए यह आवश्यक हो जाता है कि हम सभी कंप्यूटर के बारे में जानें, उस पर बेहतर कार्य करने के तौर-तरीके सीखें।

रटे-रटाए तरीकों से हम परीक्षाएँ तो पास कर सकते हैं, लेकिन कंप्यूटर को बेहतर ढंग से नहीं समझ सकते। यह गणित की भाँति है, अत: कंप्यूटर के सूत्र सीखकर हम इस पर तरह-तरह के रचनात्मक कार्य कर सकते हैं। इसी बात को ध्यान में रखकर यह **'सुपर जीनियस कंप्यूटर लर्नर'** शृंखला भाग 1 से 8 तक तैयार की गई है। हमारा उद्देश्य है कि प्रत्येक विद्यार्थी स्वयं कार्य करे और कंप्यूटर पर बेहतर ढंग से सभी एप्लीकेशंस को चलाना सीखे। विद्यार्थी जितना ज्यादा समय प्रायोगिक कार्य करेंगे, एप्लीकेशन को बेहतर ढंग से चलाना सीख पाएँगे। अत: इस पुस्तक में प्रायोगिक ज्ञान पर ज्यादा जोर दिया गया है। विभिन्न प्रोग्राम तथा उनके स्क्रीन देने से पुस्तक का महत्त्व बहुत बढ़ गया है। इनमें तो सीधे-सीधे यह समझाया गया है कि कंप्यूटर से क्या-क्या कार्य किए जा सकते हैं तथा किस प्रकार से कार्यों को बेहतर और त्वरित गति से किया जा सकता है। गहन अनुसंधान के बाद हमने यह पाठ्यक्रम तैयार किया है और उसका परिणाम आपके हाथों में है। हमें आशा ही नहीं, वरन् पूर्ण विश्वास है कि इन पुस्तकों से आप जो सीखेंगे, वह जीवन भर आपके लिए उपयोगी सिद्ध होगा।

—लेखकद्वय

प्रकाशक • **प्रभात प्रकाशन प्रा. लि.**
4/19 आसफ अली रोड,
नई दिल्ली-110002

संस्करण • 2026
मूल्य • दो सौ रुपए
मुद्रक • नरुला प्रिंटर्स, दिल्ली

SUPER GENIUS COMPUTER LEARNER-1
by Manuj Bajaj & Anil Ahlawat ₹ 200.00
Published by Prabhat Prakashan Pvt. Ltd, 4/19 Asaf Ali Road, New Delhi-2
e-mail: prabhatbooks@gmail.com ISBN 978-81-7315-923-7

भूमिका

आधुनिक युग के विकास में कंप्यूटर का अतुलनीय योगदान है। आज किसी भी क्षेत्र में कंप्यूटर की उपस्थिति अनिवार्य रूप में देखी जा सकती है। हमारे रोजमर्रा के लगभग सभी कार्य कंप्यूटर पर निर्भर हैं। बैंक का लेन-देन, रेल टिकट, ए.टी.एम. सेवा, मोटरकार व हवाई जहाज नियंत्रण, पुस्तक-प्रकाशन, दस्तावेज तैयार करना, फोटो, फिल्म व संगीत से जुड़े कार्य, कक्षा में पढ़ाई करना इत्यादि सभी कार्य कंप्यूटर की मदद से सरलता से, तेजी से और त्रुटिहीनता के साथ पूरे हो जाते हैं। यही कारण है कि आज के युग को 'कंप्यूटर का युग' कहा जाता है।

विज्ञान, तकनीकी, शोध, चिकित्सा, प्रौद्योगिकी, उड्डयन, संचार एवं शिक्षा के साथ-साथ कंप्यूटर ने कृषि के क्षेत्र में भी अहम भूमिका निभाई है। कंप्यूटर क्रांति ने विश्व को एकसूत्र में बाँध दिया है। इंटरनेट ने तो कंप्यूटर के प्रचार-प्रसार में और भी बड़ी भूमिका निभाई है। इंटरनेट के माध्यम से आज एक 'क्लिक' करके हम दुनिया के किसी भी कोने में पहुँच सकते हैं। इंटरनेट टेलीफोनी और इ-मेल ने संचार क्रांति को पंख लगा दिए हैं। इंटरनेट टेलीफोनी से हम लगभग निःशुल्क दुनिया के किसी भी कोने में टेलीफोन की तरह बात कर सकते हैं। 'चैट' के जरिए 'लाइव' बातचीत की जा सकती है।

कंप्यूटर का विकास जिस द्रुत गति से हुआ है, उतना संभवतः दूसरा किसी का नहीं हुआ। आम बोलचाल की भाषा में कहें तो आज हर वस्तु का कंप्यूटरीकरण हो गया है। कंप्यूटर ने हर क्षेत्र को एक नया आयाम दे दिया है। कंप्यूटर के पास हमारे सभी प्रश्नों के उत्तर हैं।

कंप्यूटर-जगत् का विकास और विस्तार अंग्रेजी के माध्यम से आरंभ हुआ। अतः पठन-पाठन सामग्री भी अंग्रेजी में विकसित हुई। क्रमागत विकास के साथ-साथ विभिन्न देशों में विभिन्न भाषाओं में कंप्यूटर की शिक्षा दी जाने लगी है। इससे शिक्षार्थी कई भाषाओं में क्षमता विकसित कर रहे हैं।

हिंदी भाषा में इसे अपनाने के लिए आधारिक पाठ्यपुस्तकों का अभाव लग रहा था। अतः इस शृंखला द्वारा विद्यालयों में शुरू से ही हिंदी माध्यम से पढ़ने और अभ्यास द्वारा क्रमागत जानकारी देने का यह एक सराहनीय प्रयास हुआ है। इससे हिंदी-जगत् की एक बड़ी कमी की प्रतिपूर्ति हुई है। सरल भाषा में जानकारी उपलब्ध कराने से कंप्यूटर प्रयोग के ज्ञान और कौशल का विकास भविष्य में अनेकानेक लाभकारी व्यापक कार्यक्षेत्रों की उपलब्धि कराएगा। इसी पृष्ठभूमि में कंप्यूटर की कक्षा 1 से 8 तक के लिए अत्यंत सार्थक एवं उपयोगी शृंखला प्रकाशित हो रही है। यह प्रशंसनीय पहल है। इस शृंखला की पुस्तकों में भाग एक के कंप्यूटर की आरंभिक जानकारी दी गई है। इसके बाद के भागों में क्रमशः सॉफ्टवेयर, हार्डवेयर, सीडी, माइक्रोसॉफ्ट, पावर पॉइंट, फोटो शॉप, मूवी एडिटिंग सॉफ्टवेयर, ऑपरेटिंग सिस्टम, इंटरनेट, इ-मेल इत्यादि की जानकारी दी गई है, साथ ही इनके साथ कार्य करना इतनी सरलता से सिखाया गया है कि आप बिना किसी की सहायता के इन्हें स्वयं सीख सकते हैं। कोई विद्यार्थी इससे स्वयं भी सीख सकता है।

आशा ही नहीं, पूर्ण विश्वास है कि यह पुस्तक शृंखला कंप्यूटर अध्ययन और उसके 'मास्टर' बनने में अत्यंत उपयोगी सिद्ध होगी। साथ ही, इससे आम पाठक भी लाभान्वित हो सकेंगे।

—प्रो. बी.पी. खंडेलवाल

पूर्व चेयरमैन, सी.बी.एस.ई. एवं

शिक्षा निदेशक, उत्तर प्रदेश

विषय-सूची

कंप्यूटर बेसिक

अध्याय 1 : कंप्यूटर क्या है? 5

अध्याय 2 : कंप्यूटर क्या-क्या कर सकता है 13

अध्याय 3 : हार्डवेयर और सॉफ्टवेयर 21

अध्याय 4 : कंप्यूटर कैसे काम करता है? 28

कंप्यूटर के भाग

अध्याय 5 : इनपुट डिवाइस 34

अध्याय 6 : आउटपुट डिवाइस 41

अध्याय 7 : सी.पी.यू. 45

अध्याय 8 : मेमोरी और मेमोरी डिवाइसेस 49

अध्याय 9 : पेरिफेरल्स (बाहरी एवं आंतरिक उपकरण) 55

उत्तर माला : 61

1 कंप्यूटर क्या है ?

हम सभी अपने दैनिक जीवन में कंप्यूटर का उपयोग करते हैं। क्या आप जानते हैं, कंप्यूटर क्या है ?

कंप्यूटर एक मशीन है, जो निर्देशों की सूची के आधार पर डेटा को परिवर्तित करती है।

हम कंप्यूटर को विभिन्न कार्यों के लिए प्रयोग करते हैं, जैसे—गेम खेलना, गणितीय प्रश्न हल करना, होमवर्क करना, फिल्म देखना, संगीत सुनना, इंटरनेट प्रयोग करना और ई-मेल भेजना आदि।

कंप्यूटर के कुछ प्रमुख गुण निम्न प्रकार हैं—

- यह बिजली से काम करता है।
- यह तेज गति से काम करता है।

- यह हमारा काम आसान करता है।
- यह कभी थकता नहीं।
- यह कभी गलती नहीं करता है।
- यह कोई चीज भूलता नहीं।

अतिरिक्त जानकारी : यूजर

यद्यपि कंप्यूटर के बहुत सारे लाभ हैं किंतु इसमें एक कमी भी है कि वह स्वयं कोई काम नहीं करता बल्कि उसे चलाने के लिए मनुष्य की आवश्यकता होती है। जो व्यक्ति कंप्यूटर पर काम करता है उसे कंप्यूटर यूजर कहते हैं।

सभी कंप्यूटर एक जैसे नहीं होते हैं।

कंप्यूटर के प्रयोग, विवरण (configuration) और गुणधर्म (Features) के आधार पर इसे कई प्रकारों में बाँटा जा सकता है।

कंप्यूटर के प्रकार

विभिन्न प्रकार के कंप्यूटर इस तरह हैं—

- डेस्कटॉप (पर्सनल कंप्यूटर)
- पोर्टेबल कंप्यूटर (लैपटॉप/नोट बुक)
- पामटॉप
- मैकिनतोश
- मेनफ्रेम कंप्यूटर /सर्वर
- सुपर कंप्यूटर

डेस्कटॉप कंप्यूटर (पर्सनल कंप्यूटर/पी.सी.)

वह कंप्यूटर, जो डेस्क अर्थात् मेज पर रखा जाता है, डेस्कटॉप कंप्यूटर कहलाता है। इन्हें आम भाषा में पी.सी. या पर्सनल कंप्यूटर भी कहते हैं। पी.सी. में एक सी.पी.यू., मॉनीटर, कीबोर्ड, माउस और स्पीकर होते हैं। इनका वजन लगभग 15 से 20 किलोग्राम होता है। ये पोर्टेबल नहीं होते, अर्थात् इन्हें आसानी से एक स्थान से दूसरे स्थान तक नहीं ले जा सकते।

डेस्कटॉप कंप्यूटर

पोर्टेबल कंप्यूटर

पोर्टेबल कंप्यूटर ऐसे लोगों के लिए बने हैं, जो अकसर जगह-जगह घूमते रहते हैं और जिन्हें कंप्यूटर प्रयोग करने की आवश्यकता होती है। इनका वजन कम होता है और इन्हें आसानी से कहीं भी अपने साथ ले जाया जा सकता है। इन्हें पोर्टेबल कंप्यूटर, नोट बुक या लैपटॉप भी कहते हैं।

लैपटॉप

पोर्टेबल कंप्यूटर में एक ही यूनिट में मॉनीटर, कीबोर्ड, सी.पी.यू., ट्रैकबॉल और हार्डडिस्क लगी होती हैं। इनकी कीमत पी.सी. से अधिक होती है। पोर्टेबल कंप्यूटर बैटरी से चलते हैं।

पामटॉप

पामटॉप कंप्यूटर

जैसा कि नाम से स्पष्ट है, इस कंप्यूटर को हथेली (Palm) पर रखकर प्रयोग किया जाता है। यह इंटीग्रेटेड कंप्यूटर है, जो कम मेमोरी और स्टोरेज का स्थान रखता है। पामटॉप कंप्यूटर में अकसर कीबोर्ड नहीं होता, परंतु इसे टच स्क्रीन तकनीक से चलाया जाता है। इसका वजन बहुत कम होता है और इसकी बैटरी पर्याप्त समय तक चलती है। पामटॉप कंप्यूटर का एक अन्य रूप **हैंडहेल्ड कंप्यूटर** कहलाता है, जो कुछ अधिक भारी होता है।

हैंडहैल्ड

एप्पल मैक

मेकिनतौश कंप्यूटर

मैकिनतौश को मैक भी कहते हैं, जो कि माउस और कीबोर्ड के साथ प्रयोग होनेवाला पहला सफल पी.सी. है। मैक की श्रृंखला में अनेक पी.सी. आए हैं, जो व्यक्तिगत कार्य हेतु और बिजनेस की विभिन्न आवश्यकताओं हेतु उत्तम हैं। मैक

को कभी-कभी एप्पल मैक भी कहते हैं, जो उसको बनानेवाली कंपनी एप्पल के नाम से संबोधित किया जाता है।

मेनफ्रेम कंप्यूटर/सर्वर

मेनफ्रेम कंप्यूटर एक बड़े कंप्यूटर को कहा जाता है, जो कि अनेक छोटे कंप्यूटरों को जोड़कर प्रमुख रूप से कार्य करता है। इन्हें सर्वर भी कहते हैं। इस तरह के कंप्यूटर बड़े संस्थानों, जैसे—बैंक, रेलवे और एयरलाइंस इत्यादि में प्रयोग किए जाते हैं। ये निम्न कार्य करते हैं—

1. बड़ी संख्या में इनपुट और आउटपुट करना।
2. एक ही समय में हजारों यूज़र के लिए काम करना।
3. एक ही समय में भिन्न-भिन्न प्रोग्राम चलाना और अनेक कार्य करना।

सुपर कंप्यूटर

सुपर कंप्यूटर सबसे तेज गति के कंप्यूटर हैं। ये कंप्यूटर बहुत महँगे होते हैं और विशेष कार्य हेतु प्रयोग किए जाते हैं, जैसे—मौसम का पूर्वानुमान, नाभिकीय खोज, रक्षा कार्य आदि।

अतिरिक्त जानकारी : पहने जानेवाले कंप्यूटर

नवीनतम चलन में पहननेवाले (Wearable) कंप्यूटर हैं। कंप्यूटर के सामान्य कार्य जैसे—ई-मेल, एकाउंट, मल्टीमीडिया, नोट्स, कैलेंडर आदि इसमें समाहित हैं। ये कंप्यूटर घड़ी, सेलफोन, जूते, चश्मा और कपड़ों के रूप में बने हैं।

अतिरिक्त जानकारी : सुपर कंप्यूटर 'एका'

दुनिया का चौथा सबसे तेज कंप्यूटर भारत में है, जिसका नाम 'एका' है। इसका संस्कृत में अर्थ एक होता है। दुनिया के टॉप तीन सुपर कंप्यूटर रखनेवाले देश संयुक्त राज्य अमेरिका, जर्मनी और मेक्सिको हैं।

याद रखें

- कंप्यूटर एक मशीन है, जो निर्देशों की सूची के आधार पर डेटा को परिवर्तित करती है।
- कंप्यूटर बहुत तेज गति से काम करते हैं। आपके काम को आसान बनाते हैं, कभी थकते नहीं, कभी गलती नहीं करते और किसी बात को भूलते नहीं हैं।
- कंप्यूटर बिजली से चलते हैं।
- सभी कंप्यूटर एक जैसे नहीं होते। ये आकार, गुण-धर्म, संरचना और प्रयोग में भिन्न-भिन्न होते हैं।
- कंप्यूटर अनेक क्षेत्रों में प्रयोग किए जाते हैं, जैसे—शिक्षा, चिकित्सा, मनोरंजन इत्यादि।

अभ्यास

(अ) निम्न का मिलान करिए—

1.	कंप्यूटर .... के लिए प्रयोग होते हैं।	अ.	मशीन
2.	कंप्यूटर .... है।	ब.	शिक्षा
3.	कंप्यूटर .... से काम करता है।	स.	आसान
4.	कंप्यूटर आपका काम .... बनाता है।	द.	बिजली
5.	कंप्यूटर कभी .... नहीं करता है।	च.	तेज
6.	कंप्यूटर बहुत .... है।	छ.	थकता
7.	कंप्यूटर कभी .... नहीं है।	ज.	गलती

(ब) शब्दों की सहायता से रिक्त स्थान भरिए—

नोटबुक, तेज, यूजर, मॉनीटर, सी.पी.यू., माउस, लैपटॉप, पर्सनल कंप्यूटर, कीबोर्ड स्पीकर

1. पी.सी. का पूरा नाम .... है।
2. पोर्टेबल कंप्यूटर के दूसरे नाम .... या .... हैं।
3. कंप्यूटर आपका काम .... करता है।
4. एक डेस्कटॉप कंप्यूटर में ...., ..., ... और .... होते हैं।
5. वह व्यक्ति, जो कंप्यूटर पर काम करता है वह .... कहलाता है।

(स) गलत शब्दों को सही करके रिक्त स्थान भरिए—

1. डेस्टॉकप
2. टरकंप्यू
3. टॉपलैप
4. जरयू

डे		क		प
कं		यू		र
लै		टॉ		
यू	ज			

द. सही के लिए (स) गलत के लिए (ग) लिखिए—

1. कंप्यूटर बिना बिजली के चलता है। ☐
2. कंप्यूटर बहुत तेज चलता है। ☐
3. कंप्यूटर आपका काम कठिन बनाता है। ☐
4. कंप्यूटर कभी थकता नहीं है। ☐
5. कंप्यूटर हमेशा गलती करता है। ☐
6. कंप्यूटर किसी चीज को भूलता नहीं है। ☐

(च) शब्द खोज—

स	ठ	ड	च	मा	ˀ	म	ते
।	।	ह	।	उ	पा	म	ज
स	ळ	क	भ	स	व	श्र	म
डे	स्क	टॉ	प	म	र	मै	त
१	म	च	ज	त	फु	क	व
च	फ	ज्ञ	ज	१	ल	न	ट
यू	ज	र	म	न	ठ	ˀ	७
व	म	ˀ	१	स	च	म	ʿ

यूजर, डेस्कटॉप, माउस, तेज, पावरफुल, मैक

(छ) प्रैक्टिकल ● दिए गए स्थान पर कंप्यूटर का एक चित्र बनाइए और उसमें रंग भरिए।

● समाचार पत्र, पत्रिकाओं से कंप्यूटर के विभिन्न चित्र काटिए और नीचे दिए गए स्थान पर चिपकाइए।

शिक्षकों से

- छात्रों को कंप्यूटर रूम ले जाइए और उन्हें कंप्यूटर दिखाइए।
- विभिन्न प्रकार के कंप्यूटरों के चित्र दिखाइए।
- विभिन्न क्षेत्रों में कंप्यूटर के प्रयोग समझाइए।

बहुविकल्पीय प्रश्न

निम्न चार विकल्पों में से किसी एक पर सही विकल्प पर (✔) निशान लगाएँ—

1. कंप्यूटर एक मशीन है, जो निम्नलिखित के समूह द्वारा डेटा को मेनीपुलेट करती है—

अ. निर्देश　　ब. डिवाइस

स. यूजर　　द. प्रोग्राम

2. चश्मा या स्पेक्स, जिसमें आप डेटा स्टोर कर सकते हैं या गाने चला सकते हैं, निम्न का उदाहरण हैं—

अ. डेस्कटॉप (पर्सनल कंप्यूटर)　　ब. लैपटॉप

स. मेनफ्रेम कंप्यूटर　　द. पहननेवाले कंप्यूटर

3. वह व्यक्ति, जो कंप्यूटर पर काम करता है उसे कहते हैं—

अ. प्रोग्रामर　　ब. यूजर

स. अध्यापक　　द. विद्यार्थी

4. पर्सनल कंप्यूटर में ये चीजें होती हैं—

अ. सी.पी.यू.　　ब. मॉनीटर

स. कीबोर्ड और माउस　　द. उपर्युक्त सभी

5. एक सुपर कंप्यूटर कितने यूजर द्वारा प्रयोग किया जा सकता है—

अ. 10　　ब. 100

स. 1,000　　द. 1,000 से अधिक

2 कंप्यूटर क्या-क्या कर सकता है?

कंप्यूटर हमारे दैनिक जीवन का अंग है। यह एक अद्‌भुत उपकरण है, जो कार्य-क्षमता को बढ़ाता है, मनोरंजन प्रदान करता है और सूचना लेने-देने की सुविधा देता है। यह विभिन्न महत्त्वपूर्ण कार्य करने में सक्षम है, जैसे—पत्र लिखना, गिनती करना, गेम खेलना, फिल्म देखना, गीत-संगीत सुनना, इंटरनेट चलाना इत्यादि।

इस अध्याय में आप ये जानेंगे कि कंप्यूटर क्या-क्या काम कर सकते हैं।

कंप्यूटर आपके लिए क्या कर सकते हैं?

कंप्यूटर आपके लिए अनेक कार्य कर सकते हैं, जैसे—

लिखने में प्रयोग होते हैं।

डॉक्यूमेंट बनाकर कंप्यूटर में सेव कर सकते हैं।

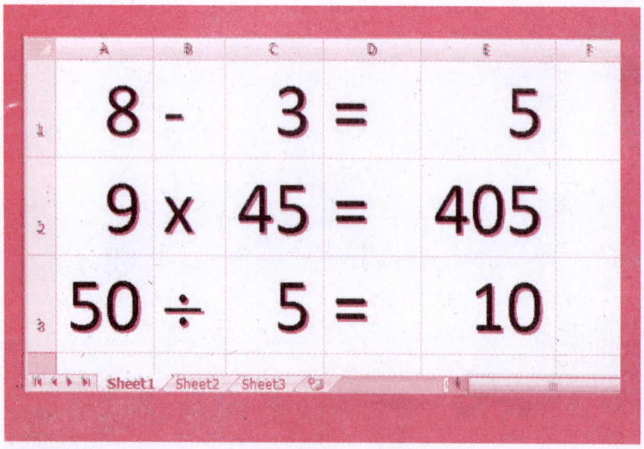

बड़ी और जटिल गणनाएँ कर सकते हैं।

गेम खेल सकते हैं।

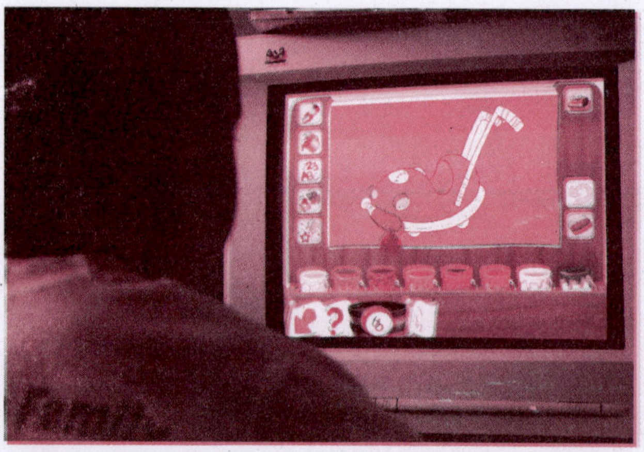

ड्रॉइंग बना सकते हैं।

संगीत या फिल्म चला सकते हैं। ऐसे कंप्यूटर, जिनमें स्पीकर की सुविधा होती है, उन्हें 'मल्टीमीडिया सिस्टम' कहते हैं।

कंप्यूटर को अंतरिक्ष स्टेशन बनाने और चलाने के लिए भी प्रयोग किया जाता है।

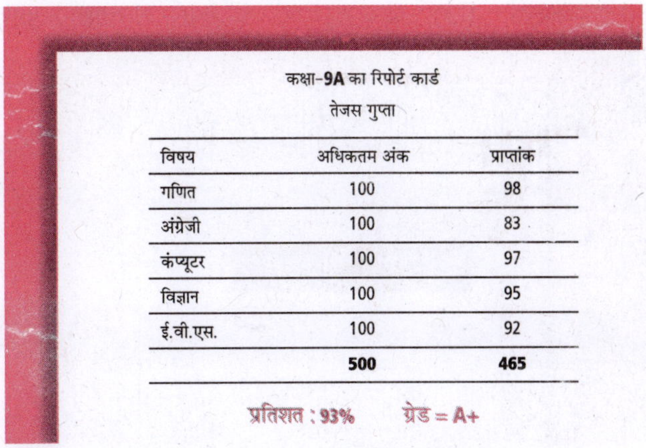

कक्षा-**9A** का रिपोर्ट कार्ड

तेजस गुप्ता

विषय	अधिकतम अंक	प्राप्तांक
गणित	100	98
अंग्रेजी	100	83
कंप्यूटर	100	97
विज्ञान	100	95
ई.वी.एस.	100	92
	500	**465**

प्रतिशत : 93% ग्रेड = A+

इन्हें स्कूलों में रिजल्ट बनाने के लिए प्रयोग करते हैं।

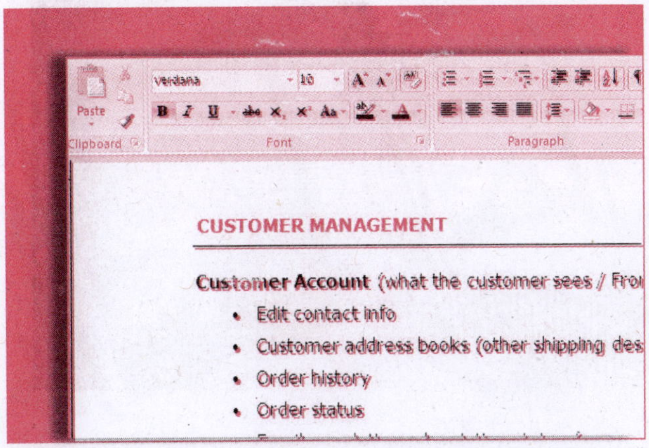

इन्हें ऑफिसों में डॉक्यूमेंट बनाने के लिए प्रयोग करते हैं।

कंप्यूटर को एनिमेशन और फिल्म बनाने के लिए भी प्रयोग किया जाता है, जैसे—जुरासिक पार्क और कार्टून फिल्म इत्यादि।

इन्हें रेलवे और एयरलाइंस में टिकट बुक करने के लिए प्रयोग किया जाता है।

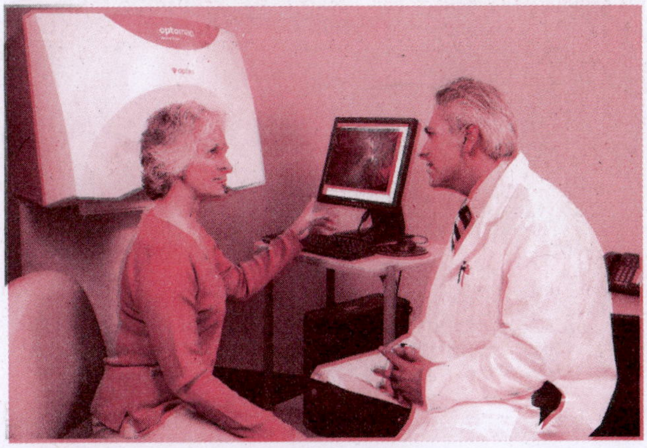

अस्पताल में इनका प्रयोग रोगी की चिकित्सा और स्वास्थ्य की देख-रेख हेतु किया जाता है।

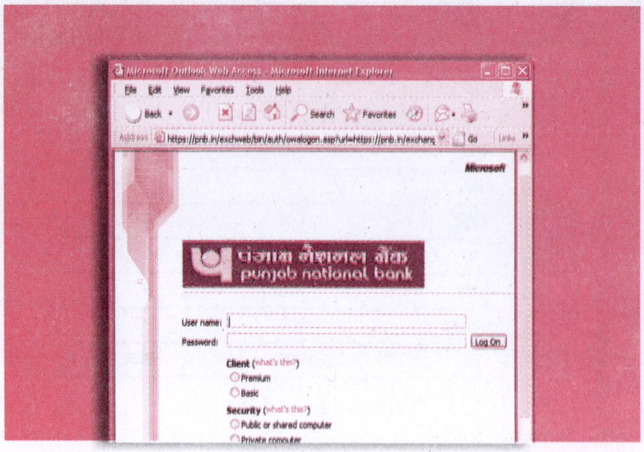

बैंक में इन्हें खातों के संचालन के लिए प्रयोग करते हैं।

पुस्तकालय में कंप्यूटर का प्रयोग पुस्तकों के रिकॉर्ड रखने के लिए करते हैं।

सुरक्षा बलों द्वारा इनका प्रयोग देश की सुरक्षा हेतु किया जाता है।

मोबाइल फोन में भी इन्हें प्रयोग करते हैं।

इन्हें कार की सुरक्षा हेतु भी प्रयोग किया जाता है।

कार, बाइक, हवाई जहाज इत्यादि के नए डिजाइन बनाने हेतु भी प्रयोग करते हैं।

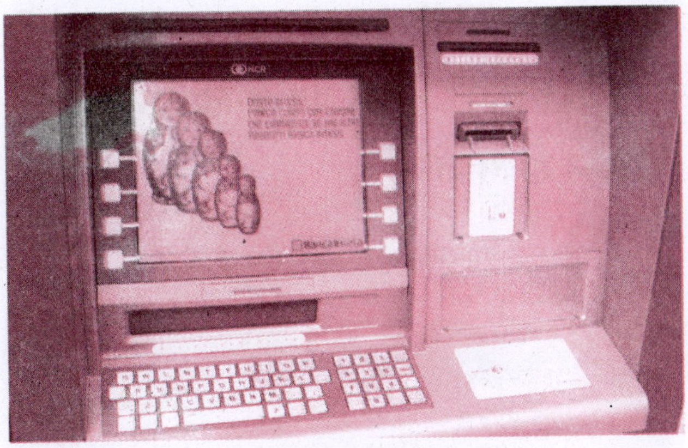

इनका प्रयोग धन की निकासी हेतु ए.टी.एम. में किया जाता है।

हवाई जहाज में इनका प्रयोग ऑटोपायलट सिस्टम में किया जाता है, जिससे हवाई जहाज बिना पायलट के भी नियंत्रण में रहे।

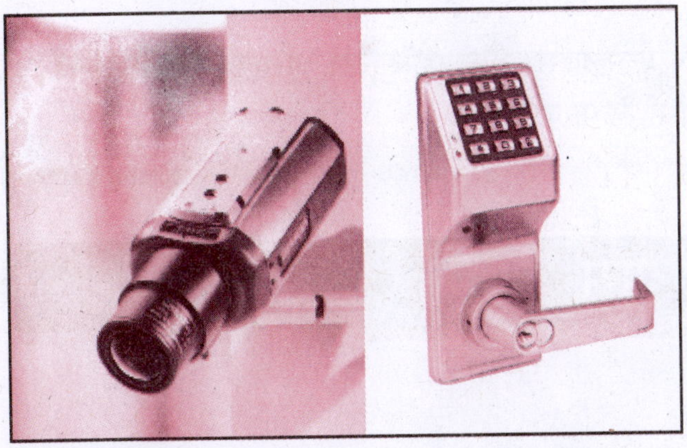

घर की सुरक्षा में इनका प्रयोग ऑटोमैटिक लॉक के लिए करते हैं।

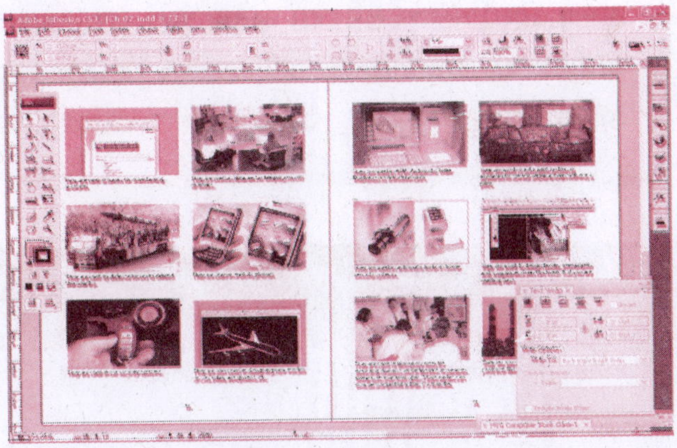

इनका प्रयोग पुस्तकों, अखबारों और पत्रिकाओं को डिजाइन करने के लिए भी होता है। आपकी यह पुस्तक भी कंप्यूटर पर डिज़ाइन की गई है।

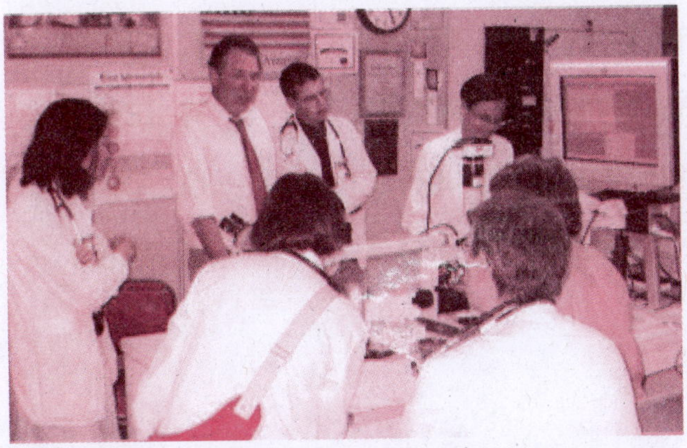

पैथोलॉजी लैब में इनका प्रयोग बीमारियों का पता लगाने के लिए करते हैं। पहले कुछ जाँचों में दो दिन तक का समय लगता था, अब वे 1-2 मिनट में ही हो जाती हैं।

रिफाइनरी में इनका प्रयोग तेल और गैस जैसे उत्पादों के शोधन के लिए किया जाता है।

पीछे वर्णित कार्यों के अतिरिक्त हजारों और कार्य कंप्यूटर द्वारा किए जाते हैं। ध्यान रखें कि सभी कार्यों हेतु एक जैसे कंप्यूटर का प्रयोग नहीं किया जाता। इनकी गणना की क्षमता भिन्न-भिन्न होती है। ये डेस्कटॉप, मेनफ्रेम या सुपर कंप्यूटर कोई भी हो सकते हैं।

कंप्यूटर के अन्य प्रयोग हम अगली कक्षा में पढ़ेंगे।

याद करें

- आप कंप्यूटर पर पत्र लिखना, ड्रॉइंग बनाना, डेटा स्टोर करना, गेम खेलना, गिनती या गणना करना, गीत-संगीत सुनना और फिल्म देखने जैसे अनेक कार्य कर सकते हैं।
- कंप्यूटर का प्रयोग स्कूल, ऑफिस, घर, दुकान, रेलवे और एयरलाइंस, बैंक, हॉस्पिटल, पुस्तकालय, सेलफोन, ऑटोमोबाइल, ए.टी.एम., फैक्टरी और अंतरिक्ष स्टेशन आदि में किया जाता है।

अभ्यास

(अ) निम्न का मिलान करें—

1. कंप्यूटर स्कूलों में .... बनाने के लिए प्रयोग किए जाते हैं।	अ. ए.टी.एम.
2. कंप्यूटर ऑफिस .... टाइप करने के लिए प्रयोग किए जाते हैं।	ब. बिल
3. कंप्यूटर घर में .... देखने के लिए प्रयोग किए जाते हैं।	स. रिजल्ट
4. कंप्यूटर दुकान में .... बनाने के लिए प्रयोग किए जाते हैं।	द. पुस्तकों
5. कंप्यूटर रेलवे ऑफिस में .... बुकिंग के लिए प्रयोग किए जाते हैं।	च. टिकट
6. कंप्यूटर .... से नगद निकासी के लिए प्रयोग किए जाते हैं।	छ. पत्र
7. कंप्यूटर लाइब्रेरी में .... के रिकॉर्ड रखने के लिए प्रयोग किए जाते हैं।	ज. मूवीज

(ब) गलत शब्दों को सही करके रिक्त स्थान भरिए—

1. निंगडिजाइ	डि		इ		ग
2. मैटिकऑटो	ऑ		मै		क

3. पाइलटऑटो

4. मीडियामल्टी

5. लेशकैल्कुन

ऑ		पा			ट
म			मी		या
कै		कु		श	

(स) सही के लिए (स) और गलत के लिए (ग) लिखिए—

1. कंप्यूटर स्वयं पत्र टाइप कर सकते हैं। ☐
2. आप कंप्यूटर पर गेम खेल सकते हैं। ☐
3. आप कंप्यूटर पर टेलीविजन देख सकते हैं। ☐

सि	क	यू	रि	टी	ज	र	मू
टि	ज	हे	ठ	टि	क	ज	वी
के	१	ल	ळ	क	फ	स	ज
ट्	श्र	थ	ज्ञ	ट	स	न	स
स	ठ	ट	ट	म	र	र	ज
।	ज	म	ट	म	र	म	फ
न	ट	र	ग	र	ए.	टी.	एम.
रि	ज	ल	ट	ट	ट	ज	ल

टिकेट्स मूवीज ए.टी.एम. रिजल्ट सिक्यूरिटी हेल्थ

(द) शब्द खोज—

(च) कार्य-कलाप

- ऐसे 10 कार्य लिखिए, जहाँ कंप्यूटर का प्रयोग होता है।

शिक्षकों से

- छात्रों को कंप्यूटर के प्रयोग दिखाने के लिए विभिन्न स्थानों पर ले जाएँ।
- उन्हें स्कूल में कंप्यूटर का प्रयोग दिखाएँ।
- कंप्यूटर के अन्य प्रयोगों के बारे में कक्षा / कंप्यूटर कक्ष में चर्चा करें।

बहुविकल्पीय प्रश्न

- कुछ ऐसे कार्य लिखिए, जहाँ कंप्यूटर का प्रयोग नहीं हो सकता।

निम्न चार विकल्पों में से किसी एक सही विकल्प पर (✔) निशान लगाएँ—

1. कंप्यूटर एक अद्भुत उपकरण है, जो—

अ. कार्य क्षमता बढ़ाता है

ब. मनोरंजन प्रदान करता है

स. संचार की सुविधा देता है

द. उपर्युक्त सभी

2. आप कंप्यूटर से निम्न कार्य कर सकते हैं—

अ. पत्र टाइप कर सकते हैं

ब. डॉक्यूमेंट बनाकर सेव कर सकते हैं

स. बड़ी और जटिल गणनाएँ कर सकते हैं

द. उपर्युक्त सभी

3. ए.टी.एम. का पूरा नाम है—

अ. ऑटोमैटिक टेलर मशीन

ब. ऑल टाइम मनी

स. ऐनी टाइम मनी

द. ऐनीवेयर ट्रेड मनी

4. वह कंप्यूटर जो पत्र टाइप करने, संगीत सुनने और फिल्म देखने के लिए प्रयोग किया जाता है, उसे कहते हैं—

अ. मल्टीमीडिया कंप्यूटर

ब. एमपी3 प्लेयर

स. पेन ड्राइव

द. रेडियो

3 हार्डवेयर और सॉफ्टवेयर

आपने कंप्यूटर के अनेक भाग देखे हैं। इनमें सी.पी.यू., कीबोर्ड, मॉनीटर, माउस आदि प्रमुख हैं। इनके अतिरिक्त कंप्यूटर को काम करने के लिए निर्देश के समूह दिए जाते हैं।

कंप्यूटर के जो भाग आप देख सकते हैं, वे **हार्डवेयर** कहलाते हैं और जो निर्देश कंप्यूटर को संचालित करते हैं, **सॉफ्टवेयर** कहलाते हैं। आइए, अब इन्हें विस्तार से समझें।

हार्डवेयर

हार्डवेयर कंप्यूटर के वे सभी भाग हैं, जिन्हें आप छू सकते हैं या देख सकते हैं, जैसे—सी.पी.यू., मॉनीटर, कीबोर्ड, माउस, स्पीकर, केबल इत्यादि।

कंप्यूटर के कुछ प्रमुख भाग निम्नलिखित हैं—

सेंट्रल प्रोसेसिंग यूनिट (सी.पी.यू.)

सी.पी.यू. को कंप्यूटर का मस्तिष्क या दिमाग भी कहते हैं। यह कंप्यूटर का सबसे महत्त्वपूर्ण भाग है, क्योंकि यह कंप्यूटर के अन्य भागों पर नियंत्रण रखता है। सी.पी.यू. कंप्यूटर की सभी गणनाएँ करता है। यह मदरबोर्ड पर लगा होता है और मदरबोर्ड के साथ कैबिनेट में लगाया जाता है।

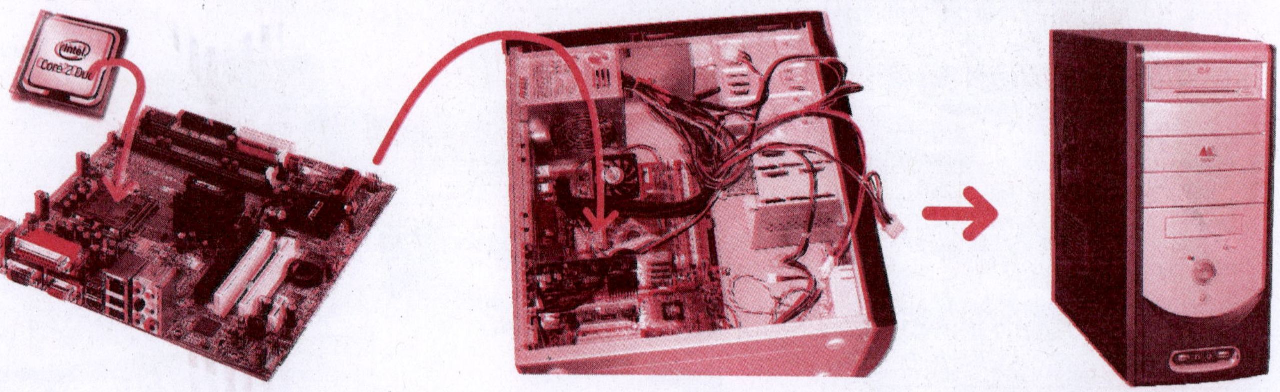

मॉनीटर

कंप्यूटर से जुड़ी टी.वी. जैसी स्क्रीन को मॉनीटर कहते हैं। इस पर वह सब दिखाई देता है जो कंप्यूटर में दिया जाता है और उसमें स्टोर रहता है। इसे विजुअल डिस्प्ले यूनिट (वी.डी.यू.) भी कहते हैं।

कीबोर्ड

कीबोर्ड टाइपराइटर जैसी दिखनेवाली डिवाइस है। कीबोर्ड में बटन होते हैं, जिन्हें कुंजी या 'की' कहते हैं। इनसे हिंदी, अंग्रेजी के अक्षर या गणित की संख्याएँ टाइप की जा सकती हैं। इसके अतिरिक्त कंप्यूटर को अन्य काम करने के लिए कमांड भी दिए जाते हैं।

अतिरिक्त जानकारी : मदरबोर्ड

मदरबोर्ड मुख्य सर्किट बोर्ड है, जिस पर सभी उपकरण लगे या जुड़े होते हैं, जैसे—सी.पी.यू., मॉनीटर, मेमोरी, कीबोर्ड, माउस आदि। मुख्य सी.पी.यू. के अतिरिक्त अन्य प्रोसेसर भी मदरबोर्ड पर लगे होते हैं, जो मुख्य सी.पी.यू. को कंप्यूटर के अन्य भागों के साथ सूचनाओं के आदान-प्रदान करने और उन्हें नियंत्रित करने में सहायता करते हैं।

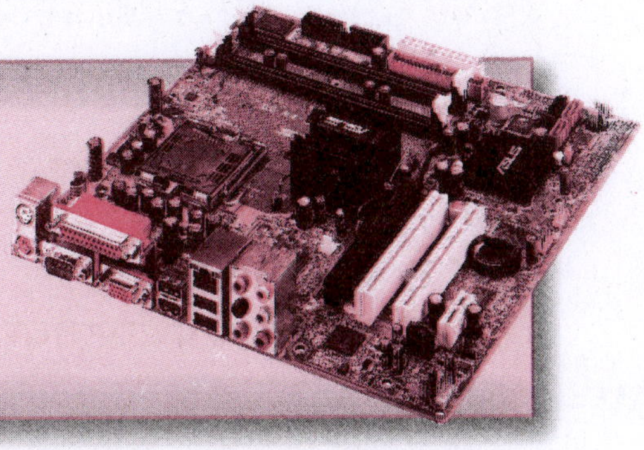

माउस

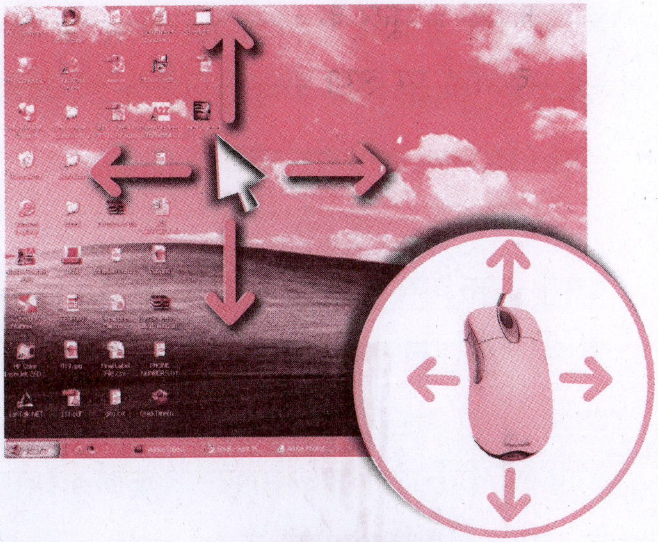

माउस कंप्यूटर को निर्देश देने और चित्र बनाने में काम आता है। जब माउस चलता है तो स्क्रीन पर पॉइंटर या कर्सर भी चलता है। माउस मॉनीटर पर ऑब्जेक्ट को पॉइंट करने का काम करता है, इसलिए इसे **पॉइंटिंग डिवाइस** भी कहते हैं।

स्पीकर

स्पीकर एक अतिरिक्त हार्डवेयर है जो गीत, संगीत या आवाज सुनने के लिए कंप्यूटर में लगाया जाता है।

सॉफ्टवेयर

ऊपर वर्णित कंप्यूटर हार्डवेयर निर्देशों के एक समूह द्वारा नियंत्रित होते हैं। निर्देशों का यह समूह सॉफ्टवेयर कहलाता है। कोई भी कंप्यूटर बिना सॉफ्टवेयर के धातु का एक डिब्बा मात्र बनकर रह जाता है। सॉफ्टवेयर सूचना को स्टोर, प्रोसेस और प्राप्त करने में सहायता करते हैं। उदाहरण के लिए, डॉक्यूमेंट में स्पेलिंग की गलती ढूँढ़ना, रोमांचक गेम खेलना और ऐसे ही अन्य काम सॉफ्टवेयर की मदद से ही किए जाते हैं।

कंप्यूटर सॉफ्टवेयर को दो प्रमुख भागों में बाँटा जा सकता है—

— **ऑपरेटिंग सिस्टम सॉफ्टवेयर**

— **एप्लीकेशन सॉफ्टवेयर**

ऑपरेटिंग सिस्टम सॉफ्टवेयर : सॉफ्टवेयर कंप्यूटर के सभी संसाधनों या उपकरणों को व्यवस्थित रखता है और सी.पी.यू., मेमोरी, कीबोर्ड, मॉनीटर, स्पीकर आदि को नियंत्रित करता है। विंडोज एक्सपी ऑपरेटिंग सिस्टम का एक उदाहरण है। ऑपरेटिंग सिस्टम के अन्य उदाहरण हैं—मैक, लिनक्स और डॉस (डिस्क ऑपरेटिंग सिस्टम)।

दूसरी तरफ **एप्लीकेशन सॉफ्टवेयर** यूजर के कुछ विशेष कार्यों को संपन्न करने के लिए बनाए गए हैं।

उदाहरण के लिए, माइक्रोसॉफ्ट पेंट को चित्र बनाने और रँगने के लिए प्रयोग किया जाता है।

एप्लीकेशन सॉफ्टवेयर के अन्य उदाहरण नोट पैड, वर्ड पैड, कैल्कुलेटर, विंडोज मीडिया प्लेयर और गेम आदि हैं।

याद करें

- कंप्यूटर को दो प्रमुख भागों में बाँटा जा सकता है, जिन्हें हार्डवेयर और सॉफ्टवेयर कहते हैं।
- हार्डवेयर कंप्यूटर के वे भाग हैं जिन्हें आप देख या छू सकते हैं, जैसे—सी.पी.यू., कीबोर्ड, माउस, स्पीकर, मॉनीटर और केबल।
- सॉफ्टवेयर कंप्यूटर को दिए जानेवाले निर्देशों का समूह होता है।
- सॉफ्टवेयर दो तरह के हैं—ऑपरेटिंग सिस्टम और एप्लीकेशन सॉफ्टवेयर।
- ऑपरेटिंग सिस्टम सॉफ्टवेयर के उदाहरण हैं—विंडोज, लिनक्स, मैक और डॉस।
- एप्लीकेशन सॉफ्टवेयर के उदाहरण हैं—माइक्रोसॉफ्ट पेंट, नोट पैड, वर्ड पैड, कैल्कुलेटर, विंडोज मीडिया प्लेयर, गेम इत्यादि।

अभ्यास

(अ) गलत शब्दों के समूह को सही करके रिक्त स्थान भरिए—

1. बोर्डमरद
2. नीमॉटर
3. पी.सी.यू.
4. बोर्डकी
5. सउमा
6. हावेर्डरय
7. सॉवेफ्टयर

म		र	बो	
मॉ			र	
सी		यू		
की		र्ड		
मा	उ			
हा			य	
सॉ			वे	

(ब) शब्द खोज—

ए	प्	ली	के	श	न	स्	स्
।	।	७	९	क	५	ज्ञ	स
स्	ट्	सॉ	फ	ट	वे	य	र
प्	क	फ	प्	स	च	ै	ज
ड	˘	ट	७	सि	स	ट	म
लि	न	क	स	७	।	ठ	छ
हा	र्ड	वे	य	र	हा	य	र
।	स्	र	डॉ	स	वी	डी	यू

हार्डवेयर, सॉफ्टवेयर, एप्लीकेशन, सिस्टम, डॉस, वी.डी.यू., लिनक्स

(स) सही के लिए (स) गलत के लिए (ग) लिखिए—

1. हार्डवेयर कंप्यूटर प्रोग्राम हैं। ☐
2. एप्लीकेशन सॉफ्टवेयर कंप्यूटर के संसाधनों का संचालन करता है और हार्डवेयर को नियंत्रित रखता है। ☐
3. मॉनीटर हार्डवेयर है। ☐
4. एम.एस. पेंट और नोट पैड सिस्टम सॉफ्टवेयर के उदाहरण हैं। ☐
5. डॉस, लिनक्स और मैक एप्लीकेशन सॉफ्टवेयर के उदाहरण हैं। ☐

(द) प्रैक्टिकल

1. कंप्यूटर के किन्हीं पाँच सॉफ्टवेयर की जानकारी एकत्र करो।
2. इस पाठ में बताए गए हार्डवेयर के अतिरिक्त कुछ अन्य हार्डवेयर की जानकारी इकट्ठी करो।

शिक्षकों से

- बच्चों को कंप्यूटर कक्ष में ले जाएँ और कंप्यूटर के सभी भाग दिखाएँ।
- बच्चों को हार्डवेयर और सॉफ्टवेयर में अंतर समझाएँ।

बहुविकल्पीय प्रश्न

निम्न चार विकल्पों में से किसी एक सही विकल्प पर (✔) निशान लगाएँ—

1. कंप्यूटर निम्न भागों में बाँटा जा सकता है—

अ. हार्डवेयर

ब. सॉफ्टवेयर

स. अ और ब दोनों

द. छोटे-छोटे कई कंप्यूटर

2. निम्न में से कौन सा हार्डवेयर का उदाहरण हैं?

अ. सी.पी.यू.

ब. मॉनीटर

स. कीबोर्ड और माउस

द. उपर्युक्त सभी

3. कंप्यूटर का मस्तिष्क कहलाता है।

अ. मदरबोर्ड

ब. सी.पी.यू.,

स. मॉनीटर

द. कैबिनेट

4. वी.डी.यू. का पूरा नाम है—

अ. विजुअल डिस्प्ले यूनिट

ब. विजुअल डेटा यूनिट

स. विजुअल डिजिटल यूनिट

द. विजुअल डिजाइनिंग यूनिट

5. माउस को निम्न में से क्या और भी कहते हैं—

अ. ऐरो

ब. पॉइंटिंग डिवाइस

स. कर्सर

द. पॉइंटर

6. सॉफ्टवेयर को सामान्यतः निम्न भागों में बाँट सकते हैं—

अ. ऑपरेटिंग सिस्टम सॉफ्टवेयर

ब. एप्लीकेशन सॉफ्टवेयर

स. अ और ब दोनों

द. हाई लेवल और लो लेवल सॉफ्टवेयर

7. विंडोज एक्सपी एक उदाहरण है—

अ. एप्लीकेशन सॉफ्टवेयर का

ब. ऑपरेटिंग सिस्टम का

स. अ और ब दोनों का

द. हार्डवेयर का

8. माइक्रोसॉफ्ट पेंट किसका उदाहरण है—

अ. ऑपरेटिंग सिस्टम का

ब. एप्लीकेशन सॉफ्टवेयर का

स. अ और ब दोनों का

द. हार्डवेयर का

4 कंप्यूटर कैसे काम करता है?

इनपुट, आउटपुट, प्रोसेसिंग और मेमोरी

पिछले पाठ में आपने कंप्यूटर हार्डवेयर और सॉफ्टवेयर के बारे में पढ़ा। कंप्यूटर में कोई काम करने के लिए निम्नलिखित क्रम है—

1. कंप्यूटर में डेटा फीड करते हैं।
2. सी.पी.यू. डेटा को प्रोसेस करता है।
3. परिणाम मॉनीटर पर दिखाया जाता है और प्रिंटर से प्रिंट किया जा सकता है।

आइए, अब इसे विस्तार से समझें।

इनपुट

कीबोर्ड की सहायता से कंप्यूटर में हम जो भी डेटा या सूचना डालते हैं, उसे **इनपुट** कहते हैं। वह

डिवाइस जिससे डेटा या सूचना को कंप्यूटर में डालते हैं, उसे **इनपुट डिवाइस** कहते हैं। इनपुट निम्न में से किसी भी रूप में हो सकते हैं—

टेक्स्ट

इमेज

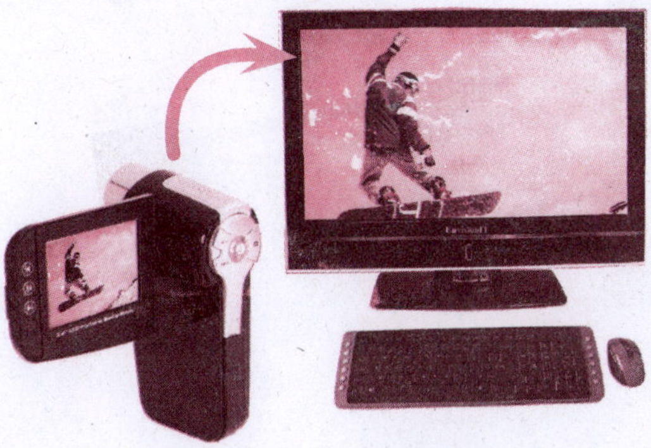

वीडियो

साउंड

आउटपुट

कंप्यूटर में डेटा भर दिए जाने के बाद सी.पी.यू. उसे प्रोसेस करता है, फिर कंप्यूटर परिणाम को मॉनीटर पर भेजता है। यह परिणाम **आउटपुट** कहलाता है। आउटपुट कंप्यूटर को दिए गए निर्देशों पर निर्भर करता है।

जो आउटपुट मॉनीटर पर प्रदर्शित होता है, उसे प्रिंटर द्वारा प्रिंट किया जा सकता है।

अतिरिक्त जानकारी : डेटा और इन्फॉर्मेशन

कंप्यूटर में जब कोई अक्षर या संख्या टाइप करते हैं तो उसे **डेटा** कहते हैं।

1 A

अर्थपूर्ण डेटा को **इन्फॉर्मेशन** कहते हैं।

Class - 1 A

डेटा और इन्फॉर्मेशन फाइल के रूप में स्टोर रहते हैं। अब आगे हम डेटा या इन्फॉर्मेशन को डेटा ही कहेंगे।

उदाहरण के लिए—हम कंप्यूटर पर दो अंकों (2+3) को जोड़ते हैं तो मॉनीटर पर आउटपुट 5 दिखाया जाता है।

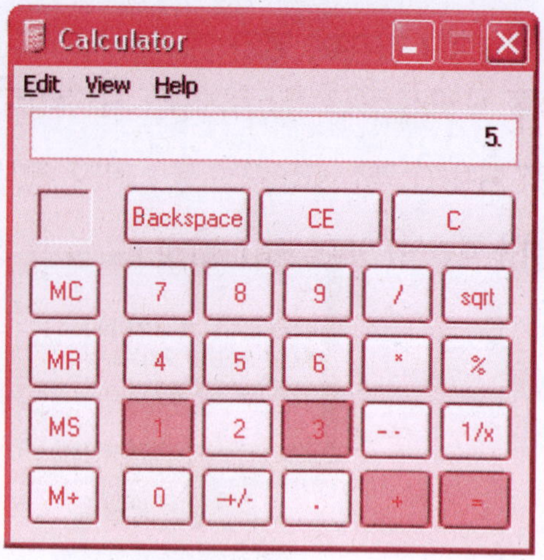

जो डिवाइस आउटपुट दरशाती हैं उसे **आउटपुट डिवाइस** कहते हैं।

प्रोसेसिंग

प्रोसेसिंग का अर्थ है—मेमोरी में स्टोर किए गए डेटा को निर्देशों के अनुसार परिवर्तित करना।

उदाहरण के लिए—

1. यदि आप दो संख्याएँ जोड़ना चाहते हैं तो प्रोसेसिंग निम्न प्रकार होगी—

   1 + 1 = 2

2. शब्द बनाने के लिए कई अक्षर टाइप करना, जैसे—

= INDIA

मेमोरी

प्रोसेसिंग से पहले और बाद में जहाँ कंप्यूटर डेटा को स्टोर करता है, उस स्थान को **मेमोरी** कहते हैं। प्रत्येक कंप्यूटर कार्य करने के लिए मेमोरी का **प्रयोग** करता है। मेमोरी दो प्रकार की होती हैं—टेंपररी और परमानेंट।

टेंपररी मेमोरी

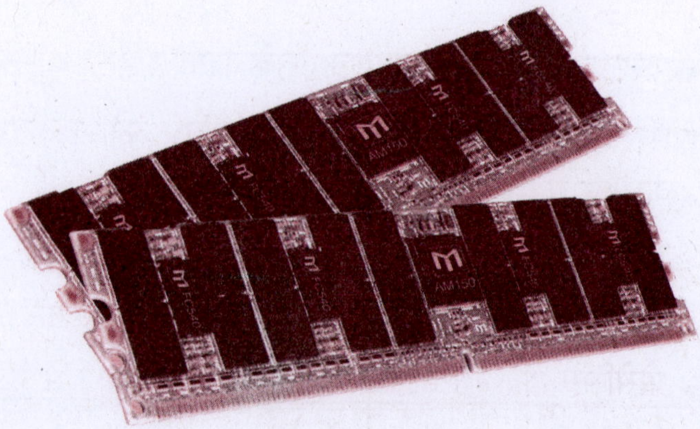

टेंपररी मेमोरी को रैम कहते हैं। रैम का पूरा नाम 'रैंडम एक्सेस मेमोरी' है। यह सूचना को अस्थायी रूप से स्टोर करती है—अर्थात् जब तक कंप्यूटर चालू रहता है, डेटा मेमोरी में स्टोर रहता है और जब कंप्यूटर बंद किया जाता है या बिजली जाने पर कंप्यूटर बंद हो जाता है, डेटा सदा के लिए नष्ट हो जाता है।

परमानेंट मेमोरी

यह मेमोरी डेटा को कंप्यूटर में स्थायी रूप से स्टोर रखने के लिए प्रयोग की जाती है। हार्ड डिस्क ऐसी ही मेमोरी का उदाहरण है। आप अपना डेटा हार्ड डिस्क में स्टोर करके रख सकते हैं, जो कंप्यूटर बंद होने पर भी नष्ट नहीं होता।

अतिरिक्त जानकारी : यू.पी.एस. क्या है?

यू.पी.एस. का अर्थ है—अनइंटरप्टेड पावर सप्लाई। यह एक उपकरण है, जिसमें एक सर्किट के साथ कुछ बैटरियाँ लगी होती हैं और बिजली के चले जाने पर भी कंप्यूटर को कुछ समय के लिए यह बिजली प्रदान करता है।

याद करें

- अर्थपूर्ण डेटा को इन्फॉर्मेशन (सूचना सामग्री) कहते हैं।
- डेटा और इन्फॉर्मेशन फाइल के रूप में स्टोर किए जाते हैं।
- कंप्यूटर में हम जो इन्फॉर्मेशन डालते हैं उसे इनपुट कहते हैं।
- इनपुट कई तरह के हो सकते हैं, जैसे—टेक्स्ट, इमेज, ऑडियो और वीडियो।
- आउटपुट सिस्टम को दिए गए निर्देशों पर निर्भर करता है।
- प्रोसेसिंग का अर्थ है डेटा को अथपूर्ण सूचनाओं में परिवर्तित करना।
- मेमोरी दो प्रकार की होती है—टेंपररी और परमानेंट।

अभ्यास

(अ) गलत शब्दों को सही करके रिक्त स्थान भरिए—

1. टाडे
2. पुटइन
3. पुटआउट
4. सिंगप्रोसे
5. रीमेमो
6. फॉरइन्मेशन
7. इलफा

डे		ा				
इ		पु				
आ		ट		ट		
प्रो		सिं				
मे		री				
इ		फॉ		मे		न
फा		ल				

(ब) प्रैक्टिकल

कीबोर्ड पर अपना नाम टाइप करिए और आउटपुट देखिए।

शिक्षकों से

- छात्रों को दिखाएँ कि कंप्यूटर में डेटा कैसे इनपुट करते हैं और आउटपुट कैसे प्रदर्शित होता है।
- छात्रों को चार्ट या कंप्यूटर में रैम दिखाएँ।
- छात्रों को कंप्यूटर में कैल्कुलेटर खोलकर संख्याओं का जोड़, घटाना, गुणा और भाग करने के लिए कहें।

बहुविकल्पीय प्रश्न

निम्न चार विकल्पों में से किसी एक सही विकल्प पर (✔) निशान लगाएँ।

1. निम्न में से कौन सा इनपुट है?

अ. टेक्स्ट

ब. इमेज

स. वीडियो और साउंड

द. उपर्युक्त सभी

2. निम्न में से कौन सा आउटपुट है?

अ. प्रिंटआउट

ब. डिस्प्ले

स. अ और ब दोनों

द. इनमें से कोई नहीं

3. कंप्यूटर की टेंपररी मेमोरी को निम्न में से और क्या कहते हैं?

अ. रॉम

ब. रैम

स. हार्ड डिस्क

द. पेन ड्राइव

4. यू.पी.एस. का पूरा नाम क्या है

अ. अनइंटरप्टेड पावर सप्लाई

ब. यूसेज पावर सिस्टम

स. अनवांटेड पावर सप्लाई

द. अनयूज्ड पावर सप्लाई

5 इनपुट डिवाइस

आप जानते हैं कि कंप्यूटर को चलाने के लिए उसमें डेटा इनपुट करना पड़ता है। कंप्यूटर में डेटा या इन्फार्मेशन इनपुट करने के लिए हम जिस डिवाइस का प्रयोग करते हैं, उसे **इनपुट डिवाइस** कहते हैं। कुछ प्रमुख इनपुट डिवाइस हैं—

- कीबोर्ड
- माउस

आइए, इन डिवाइसों को विस्तार से समझें।

कीबोर्ड

कीबोर्ड एक प्रमुख इनपुट डिवाइस है, जो कंप्यूटर में डेटा इनपुट करने के लिए प्रयोग की जाती है।

एक सामान्य कीबोर्ड में 101 की या कुंजियाँ होती हैं।

कीबोर्ड के लेआउट को **QWERTY** (क्वर्टी) कहते हैं, क्योंकि यही 6 अक्षर कीबोर्ड में वर्णमाला की प्रथम पंक्ति में होते हैं।

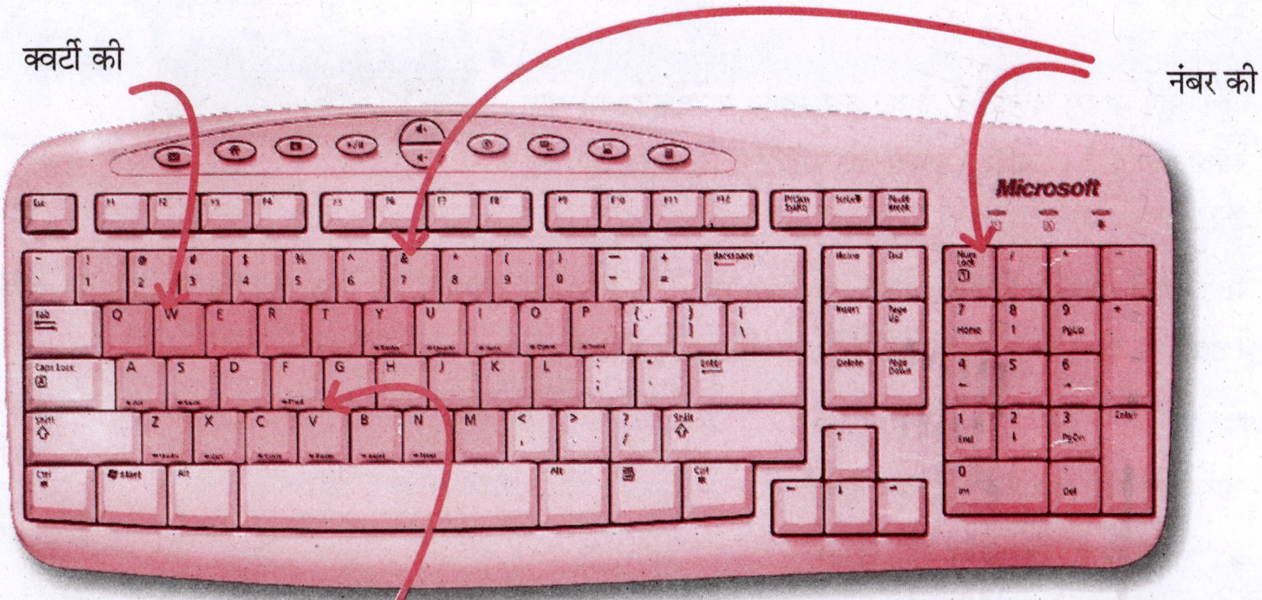

कीबोर्ड में मुख्यत: दो प्रकार की कुंजियाँ या की होती हैं—

- एल्फाबेट की (A से Z और a से z वाले अक्षर)
- नंबर की (0 से 9 नंबर)

एल्फाबेट की का प्रयोग करके हम अंग्रेजी वर्णमाला के छोटे और बड़े अक्षर टाइप कर सकते हैं।

नंबर की का प्रयोग संख्याएँ टाइप करने के लिए होता है। ये कीबोर्ड के सबसे ऊपर से दूसरी पंक्ति और दाहिनी ओर के कीपैड में होती हैं, जैसा कि ऊपर कीबोर्ड में दिखाया गया है। कीबोर्ड का दाहिना भाग नंबर पैड या न्यूमेरिक पैड कहलाता है। इसका प्रयोग कंप्यूटर में बड़ी संख्या में नंबरवाले डेटा भरने के लिए किया जाता है।

इसमें दूसरी तरह की 'की' भी होती हैं, जैसे—सिंबल की, स्पेशल फंक्शन की आादि। इनके विषय में आप अगली कक्षा में पढ़ेंगे।

माउस

माउस इनपुट डिवाइस का एक रूप है, जो आजकल काफी प्रयोग होता है। यह कंप्यूटर स्क्रीन पर पॉइंटर या कर्सर दिखाता है। चूहे के समान पूँछवाला दिखने के कारण इसका नाम माउस रखा गया है।

जब आप माउस चलाते हैं तो कंप्यूटर स्क्रीन पर पॉइंटर भी साथ-साथ चलता है। इसलिए माउस को **पॉइंटिंग डिवाइस** भी कहते हैं।

माउस को कंप्यूटर में चित्र बनाने और गेम खेलने के लिए भी प्रयोग किया जाता है। यह कंप्यूटर से अपनी पूँछ (तार) से जुड़ा होता है। माउस में दो या तीन बटन होते हैं।

सामान्यत: माउस में निम्न दो बटन होते हैं—

- लेफ्ट बटन
- राइट बटन

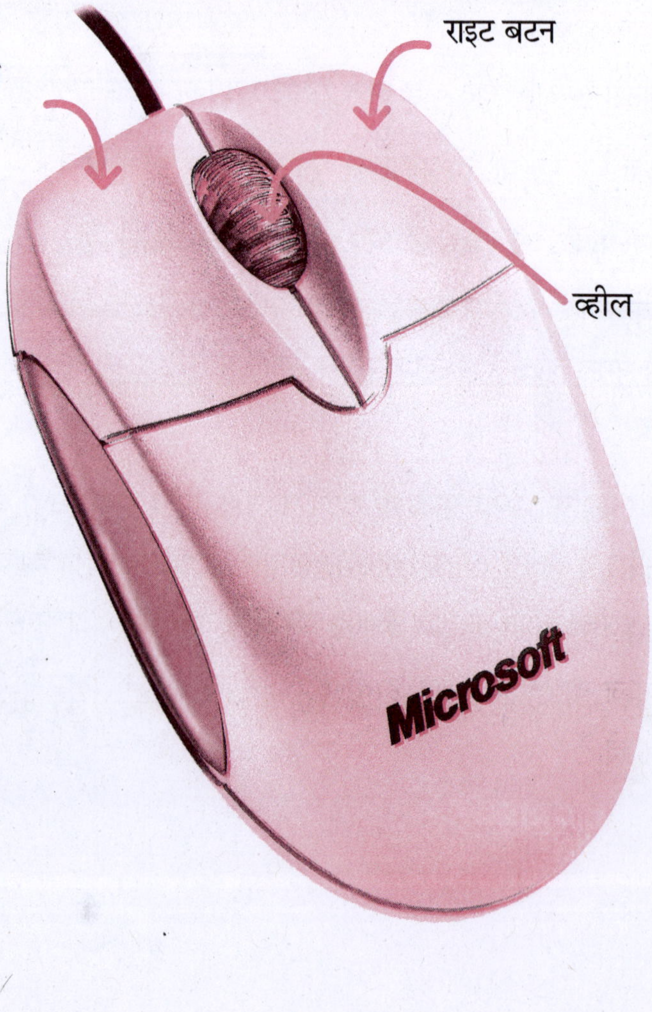

कुछ माउस में दोनों बटनों के बीच एक व्हील होता है। इसके द्वारा बड़े डॉक्यूमेंट को ऊपर- नीचे खिसकाते हैं। इससे डॉक्यूमेंट या किसी इमेज, पेज इत्यादि को जल्दी से देखा जा सकता है। इससे ऑटोमैटिक डॉक्यूमेंट स्क्रॉल को प्रारंभ किया जा सकता है और रोका जा सकता है।

माउस का प्रयोग

विंडोज में कंप्यूटर को कमांड देने के लिए माउस का काफी प्रयोग किया जाता है। माउस को प्रायः निम्न प्रकार से प्रयोग किया जाता है—

- जब माउस के बाएँ बटन को दबाकर छोड़ते हैं तो इसे **लेफ्ट क्लिक** कहते हैं।
- जब माउस के दाएँ बटन को दबाकर छोड़ देते हैं तो इसे **राइट क्लिक** कहते हैं।
- जब माउस के बाएँ बटन को दो बार जल्दी-जल्दी दबाकर छोड़ते हैं तो इसे **डबल क्लिक** कहते हैं।

अतिरिक्त जानकारी : स्टाइलस पेन

स्टाइलस पेन एक पॉइंटिंग डिवाइस (उपकरण) है, जो पेन जैसी दिखती है। यह ड्रॉइंग बनाने में काम आती है। स्टाइलस को डिजिटाइजिंग टेबलेट या टच स्क्रीन के साथ प्रयोग करते हैं।

अन्य पॉइंटिंग उपकरण

माउस के अतिरिक्त कुछ अन्य पॉइंटिंग उपकरण निम्नलिखित प्रकार हैं—

ट्रेकबॉल

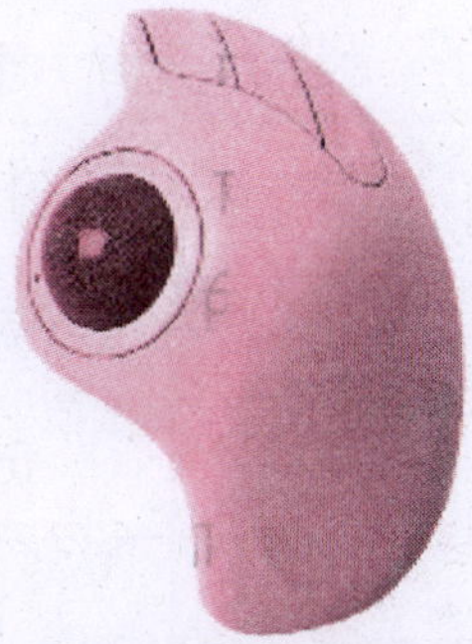

ट्रेकबॉल उलटे माउस की तरह दिखनेवाली एक डिवाइस है। इसमें एक बॉल होती है, जो उँगली से घुमाई जाती है। बॉल घूमने से स्क्रीन पर पॉइंटर संचालित होता है।

ट्रैक स्टिक

यह एक अन्य पॉइंटिंग डिवाइस है, जिसे पॉइंटिंग स्टिक भी कहते हैं। इसे मुख्यतः नोटबुक कंप्यूटर के लिए बनाया गया है। यह कीबोर्ड में कीज के बीच स्थित होती है। इसे चलाने के लिए उँगली का प्रयोग करते हैं।

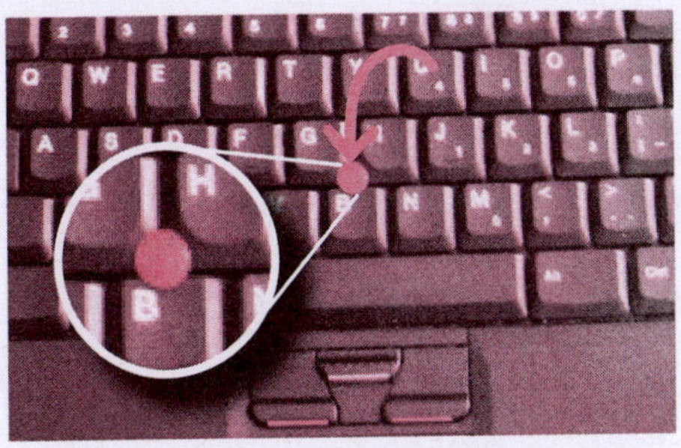

टचपैड

लैपटॉप में टचपैड लगा होता है। टचपैड का प्रयोग हम पॉइंटर को चलाने के लिए करते हैं। टचपैड की सतह पर सेंसरों की एक परत होती है। ये सेंसर उँगली के स्पर्श को महसूस करके स्क्रीन पर पॉइंटर को संचालित करते हैं।

याद करें

- सबसे अधिक इस्तेमाल होनेवाली इनपुट डिवाइस कीबोर्ड और माउस हैं।
- कुछ पॉइंटिंग डिवाइसेस के नाम ट्रैकबॉल, टचपैड और पॉइंटिंग स्टिक हैं।

अभ्यास

(अ) शब्द खोज—

।	न	म	पै	ड	[illegible]	[illegible]	ळ
स	टा	इ	ल	स	छ	[illegible]	[illegible]
[illegible]	ड	ह	ज्ञ	स	ड	छ	ठ
[illegible]	प्रिं	ट	र	छ	[illegible]	[illegible]	[illegible]
फ	।	[illegible]	[illegible]	[illegible]	[illegible]	ट	[illegible]
[illegible]	क	ल	[illegible]	।	ठ	[illegible]	क
ब	ट	न	[illegible]	[illegible]	[illegible]	ळ	[illegible]
[illegible]	[illegible]	श्र	ज्ञ	स	ड	छ	[illegible]
की	ज	ल	स	[illegible]	[illegible]	ठ	[illegible]
[illegible]	फ	[illegible]	[illegible]	[illegible]	[illegible]	ट	ड

बटन कीज प्रिंटर स्टाइलस नमपैड

(ब) शब्दों की सहायता से रिक्त स्थान भरिए—

राइट क्लिक	डबल क्लिक	इनपुट	कर्सर	टचपैड	लेफ्ट क्लिक

1. कीबोर्ड और माउस .... डिवाइसें हैं।
2. जब आप माउस का बायाँ बटन दबाकर छोड़ते हैं तो उसे .... कहते हैं।
3. जब आप माउस का दायाँ बटन दबाकर छोड़ते हैं तो उसे .... कहते हैं।
4. जब आप माउस का बायाँ बटन दो बार जल्दी-जल्दी दबाकर छोड़ते हैं तो उसे .... कहते हैं।
5. जैसे-जैसे माउस हिलाया जाता है वैसे-वैसे कंप्यूटर स्क्रीन पर .... चलता है।
6. लैपटॉप में पॉइंटिंग डिवाइस के रूप में .... का प्रयोग किया जाता है।

(स) प्रैक्टिकल

1. यह टैक्स्ट टाइप करें। Quick Brown Fox Jumps Over The Little Lazy Dog.
2. 0 से 9 तक की संख्या टाइप करें।
3. यह सिंबल कीबोर्ड में ढूँढ़कर टाइप करें @ # $ ^ & * ()

नीचे खाली स्थान में अलग-अलग मॉडल के माउस के चित्र चिपकाएँ और उनकी भिन्नताओं के बारे में चर्चा करें।

विभिन्न प्रकार के माउस के चित्र एकत्रित करके यहाँ चिपकाएँ और चर्चा करें कि माउस के इन मॉडलों में क्या-क्या अंतर है।

(द) सही के लिए (स) और गलत के लिए (ग) लिखिए—

1. कीबोर्ड लेआउट को QWERTY कहते हैं। ☐
2. कीबोर्ड कंप्यूटर स्क्रीन पर पॉइंटर को दिखाता है। ☐
3. माउस में नीचे एक व्हील भी होता है। ☐
4. एक पॉइंटिंग और ड्राइंग डिवाइस, जो पेन के आकार की होती है, उसे माउस कहते हैं। ☐

शिक्षकों से

- the quick brown fox jumps over the little lazy dog टाइप करने में छात्रों की मदद करें।
- छात्रों को लेफ्ट क्लिक, राइट क्लिक और डबल क्लिक का अभ्यास करने में सहायता करें।

बहुविकल्पीय प्रश्न

निम्न चार विकल्पों में से किसी एक सही विकल्प पर निशान (✔) लगाएँ।

1. इनपुट डिवाइस के कुछ उदाहरण हैं—

अ. कीबोर्ड　　ब. माउस

स. स्टाइलॅस पेन　　द. उपर्युक्त सभी

2. कीबोर्ड के ले आउट को कहते हैं—

अ. POVERTY　　ब. QWERTY

स. VARIETY　　द. LOYALITY

3. कीबोर्ड पर दो प्रमुख प्रकार की कीज हैं—

अ. एल्फाबेट कीज　　ब. नंबर कीज

स. अ और ब दोनों　　द. सिंबल कीज

4. निम्नलिखित में से कौन सा कथन ठीक नहीं है?

अ. जब आप बायाँ बटन तीन बार दबाकर छोड़ते हैं तो इसे लेफ्ट क्लिक कहते हैं।

ब. जब आप दायाँ बटन एक बार दबाकर छोड़ते हैं तो इसे राइट क्लिक कहते हैं।

स. जब आप बायाँ बटन दो बार जल्दी-जल्दी दबाकर छोड़ते हैं तो इसे डबल क्लिक कहते हैं।

द. एक माउस में दो या तीन बटन और किसी-किसी में एक व्हील भी होता है।

6 आउटपुट डिवाइस

पिछले पाठ में आपने इनपुट डिवाइस के बारे में पढ़ा। इनपुट डिवाइस कंप्यूटर में असंसाधित डेटा डालने में सहायता करता है। कंप्यूटर असंसाधित डेटा को प्रोसेस करता है और आउटपुट के रूप में परिणाम दरशाता है। वह डिवाइसेस, जो परिणाम दरशाने के लिए इस्तेमाल होती हैं, उन्हें आउटपुट डिवाइस कहते हैं।

कुछ सामान्य आउटपुट डिवाइस निम्न प्रकार हैं—

1. मॉनीटर (VDU)
2. स्पीकर
3. प्रिंटर

आइए इन्हें एक-एक करके समझें।

मॉनीटर

मॉनीटर को विजुअल डिसप्ले यूनिट या वी.डी.यू. भी कहते हैं। यह टेलीविजन स्क्रीन की तरह होता है। कीबोर्ड पर हम जो कुछ टाइप करते हैं या डेटा प्रोसेस करने के बाद कंप्यूटर जो परिणाम निकालता है, उसे मॉनीटर दरशाता है। आप मॉनीटर का प्रयोग करके फिल्म व ऐनीमेशन देख सकते हैं और गेम खेल सकते हैं।

स्पीकर

यह आउटपुट के रूप में ध्वनि (sound) निकालता है। कंप्यूटर का प्रयोग करके आप ध्वनि को नियंत्रित और परिवर्तित कर सकते हैं। स्पीकर की सहायता से आप गीत-संगीत सुन सकते हैं।

प्रिंटर

प्रिंटर की सहायता से हम कंप्यूटर में स्टोर डेटा को कागज पर प्रिंट कर सकते हैं।

प्रिंटर ब्लैक एंड व्हाइट, रंगीन या दोनों रंगों में प्रिंट कर सकता है।

प्रिंटर के प्रकार

बाजार में कई तरह के प्रिंटर उपलब्ध हैं। सबसे अधिक इस्तेमाल होनेवाले प्रिंटर हैं—

- डॉट मैट्रिक्स प्रिंटर (DMP)
- इंकजेट प्रिंटर
- लेजर प्रिंटर

ये प्रिंटर कई तरह के कार्यों के लिए बने हैं। उदाहरण के लिए, डॉट मैट्रिक्स प्रिंटर बैंकों और एकाउंटेंट्स द्वारा प्रयोग किए जाते हैं, जहाँ डुप्लीकेट या ट्रिप्लीकेट कॉपी की आवश्यकता होती है। इंकजेट प्रिंटर का प्रयोग घरों या छोटे ऑफिसों में किया जाता है, जहाँ रंगीन प्रिंटों की आवश्यकता होती है। लेजर

प्रिंटर का प्रयोग उच्च गुणवत्तावाले रंगीन या ब्लैक एंड व्हाइट प्रिंट निकालने के लिए किया जाता है, जो व्यावसायिक कार्यों में काम आते हैं।

शिक्षकों से

- मॉनीटर एक आउटपुट डिवाइस है, जो इनपुट या प्रोसेस्ड डेटा को दरशाती है। स्पीकर एक आउटपुट डिवाइस है, जो आउटपुट के रूप में ध्वनि निकालती है।
- प्रिंटर एक आउटपुट डिवाइस है, जिससे टेक्स्ट या इमेज को कंप्यूटर से कागज पर प्रिंट कर सकते हैं।

अभ्यास

(अ) गलत शब्दों को सही करके रिक्त स्थान भरिए—

1. टरमॉनी
2. करस्पी
3. टरप्रिं
4. मैट्रिक्स डॉट
5. जेटइंक
6. जरलेटजे

मॉ		ट		
स		क		
प्रिं		र		
डॉ		मै		क्स
इं		जे		
ले		र		

(ब) शब्दों की सहायता से रिक्त स्थान भरें—

स्पीकर, इंकजेट, लेजरजेट, मॉनीटर, विजुअल डिसप्ले यूनिट, डॉटमैट्रिक्स प्रिंटर, प्रिंटर

1. विभिन्न प्रकार के प्रिंटर ...., ... और .... हैं।
2. ...., ... और .... कुछ प्रचलित आउटपुट डिवाइसें हैं।
3. वी.डी.यू. का पूरा नाम .... है।

(स) कार्य-कलाप

दिए गए स्थान पर विभिन्न प्रकार के मॉनीटर के चित्र चिपकाएँ और उनके अंतर के विषय में अपनी कक्षा में चर्चा करें।

शिक्षकों से

- छात्रों को कंप्यूटर कक्ष में ले जाएँ और मॉनीटर, स्पीकर आदि उपकरण दिखाएँ।
- छात्रों को आउटपुट डिवाइस के बारे में समझाएँ और लैपटॉप में टी.एफ.टी. मोबाइल फोन में एल.सी.डी. और कंप्यूटर लैपटॉप से जुड़नेवाले प्रोजेक्टर के बारे में बताएँ।

बहुविकल्पीय प्रश्न

निम्न चार विकल्पों में से किसी एक सही विकल्प पर निशान (✔) लगाएँ।

1. निम्न में से कौन सा आउटपुट डिवाइस नहीं है?

अ. टी.एफ.टी. मॉनीटर   ब. स्टीरियो स्पीकर

स. इंकजेट प्रिंटर   द. QWERTY कीबोर्ड

2. प्रमुख आउटपुट डिवाइस कौन सा है?

अ. डॉट मैट्रिक्स प्रिंटर   ब. इंकजेट प्रिंटर

स. लेजर प्रिंटर   द. उपर्युक्त सभी

3. टी.एफ.टी. मॉनीटर को कहते हैं—

अ. वी.डी.यू.   ब. सी.आर.टी.

स. जी.यू.आई.   द. डी.एम.पी.

4. स्पीकर किसका उदाहरण है?

अ. इनपुट डिवाइस   ब. आउटपुट डिवाइस

स. मेमोरी डिवाइस   द. प्रोसेसिंग डिवाइस

7 सी.पी.यू.

कंप्यूटर में हम जो डेटा डालते हैं, उसे सी.पी.यू. में प्रोसेस किया जाता है। सी.पी.यू. का पूरा नाम 'सेंट्रल प्रोसेसिंग यूनिट' है।

इसे **माइक्रोप्रोसेसर** या **प्रोसेसर** भी कहते हैं।

सी.पी.यू. कंप्यूटर का मस्तिष्क होता है। यह गणना व डेटा परिर्वतन का काम भी करता है।

सी.पी.यू. के निम्नलिखित तीन प्रमुख भाग होते हैं—

- **अर्थमैट्रिक एंड लॉजिक यूनिट (ए.एल.यू.)**
- **कंट्रोल यूनिट (सी.यू.)**
- **मेमोरी यूनिट (एम.यू.)**

ए.एल.यू.

ए.एल.यू. सी.पी.यू. का सबसे महत्त्वपूर्ण भाग है, जहाँ सभी गणनाएँ और डेटा परिवर्तन किया जाता है। ये कार्य दो प्रकार के होते हैं—

- गणितीय (जोड़, घटाना, गुणा, भाग इत्यादि)
- लॉजिकल (कौन सा नंबर छोटा है और कौन सा बड़ा है आदि)

सी.यू.

सी.यू. इनपुट डेटा निर्देशों द्वारा होनेवाले कार्य का एवं आउटपुट का नियंत्रण करता है।

एम.यू.

सी.पी.यू. में उसकी निजी मेमोरी होती है, जिसे **केच मेमोरी** कहते हैं। डेटा या निर्देश इस मेमोरी में स्टोर होने के बाद ही प्रोसेस होते हैं।

सी.पी.यू. मदरबोर्ड पर लगता है। यह मदरबोर्ड मुख्य सर्किट बोर्ड है, जिस पर कंप्यूटर के सभी उपकरण जुड़े होते हैं। सी.पी.यू. और मदरबोर्ड दोनों कैबिनेट में बंद रहते हैं।

याद करें

- सी.पी.यू. का पूरा नाम 'सेंट्रल प्रोसेसिंग यूनिट' है।
- सी.पी.यू. मदरबोर्ड पर जड़ा रहता है।
- सी.पी.यू. और मदरबोर्ड कैबिनेट में बंद रहते हैं।

अभ्यास

(अ) शब्द खोज—

कं	ट्रो	ल	ɫ	ᅲ	ƭ	ठ	०	।	ƭ	क
।	ठ	ȣ	क	ᅲ	१	ळ	ɫ	Շ	श्र	कै
ज्ञ	स	पा	०	छ	ज	ƭ	०	स	ड	बि
छ	०	व	फ	ƭ	ˀ	ज	ᒥ	ट	˘	ने
ᒣ	ल	र	।	ठ	ȣ	क	ᅲ	१	ळ	ट
ɫ	Շ	म	द	र	बो	र्ड	ल	ˀ	०	ƭ
।	ठ	ȣ	प्रो	से	स	र	छ	ᅲ	ज	क

कंट्रोल पावर मदरबोर्ड प्रोसेसर कैबिनेट

(ब) सही के लिए (स) और गलत के लिए (ग) लिखिए—

1. सी.पी.यू. को माइक्रोप्रोसेसर या प्रोसेसर भी कहते हैं। ☐
2. कैबिनेट में केवल सी.पी.यू. लगा होता है। ☐
3. कंट्रोल यूनिट द्वारा डेटा का फ्लो नियंत्रित किया जाता है। ☐
4. ए.एल.यू. दो संख्याओं के बीच बड़ी संख्या ढूँढ़ सकता है। ☐

शिक्षकों से

- छात्रों को कंप्यूटर कक्ष में ले जाएँ और कंप्यूटर ऑन-ऑफ करने की सही विधि बताएँ।
- यदि संभव हो तो कैबिनेट में लगे मदरबोर्ड और सी.पी.यू. दिखाएँ।

बहुविकल्पीय प्रश्न

निम्न चार विकल्पों में से किसी एक सही विकल्प पर निशान (✓) लगाएँ।

1. सी.पी.यू. को नहीं कहते हैं—

अ. प्रोसेसर

ब. माइक्रोप्रोसेसर

स. सेंट्रल प्रोसेसिंग यूनिट

द. कंट्रोल प्रोसेसिंग यूनिट

2. इनमें से कौन सा सी.पी.यू. का भाग नहीं है?

अ. ए.एल.यू. (अर्थमैट्रिक एंड लॉजिक यूनिट)

ब. सी.यू. (कंट्रोल यूनिट)

स. एम.यू. (मेमोरी यूनिट)

द. मदरबोर्ड

3. सी.पी.यू. और मदरबोर्ड किसमें रहते हैं?

अ. कैबिनेट में

ब. प्रिंटर में

स. मॉनीटर में

द. स्कैनर में

8 मेमोरी और मेमोरी डिवाइस

आप जानते हैं मेमोरी वह स्थान है जहाँ कंप्यूटर इनपुट और प्रोसेस्ड डेटा को स्थायी या अस्थायी रूप से रखता है। जब असंसाधित डेटा प्रोसेस हो जाता है तो उसे बाद में प्रयोग के लिए मेमोरी डिवाइस में स्टोर करते हैं।

यह मेमोरी में तब तक बना रहता है, जब तक इसे कंप्यूटर से मिटाया या डिलीट न किया जाए।

मेमोरी दो प्रकार की होती हैं—

1. प्राइमरी (टेंपररी मेमोरी)
2. सेकंडरी (परमानेंट मेमोरी)

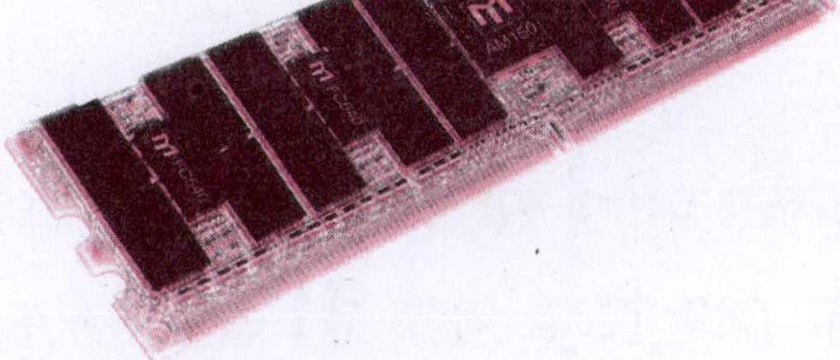

प्राइमरी (टेंपररी) मेमोरी

प्राइमरी मेमोरी अस्थायी होती है। सूचना तब तक मेमोरी पर

बनी रहती है, जब तक कंप्यूटर को बंद न कर दिया जाए। जब कंप्यूटर बंद कर देते हैं या बिजली जाने पर कंप्यूटर बंद हो जाता है तो यह मेमोरी नष्ट हो जाती है। इसे **रैंडम एक्सेस मेमोरी** (RAM) भी कहते हैं।

अतिरिक्त जानकारी : रॉम

एक अन्य प्रकार की मेमोरी होती है, इसे रीड ओनली मेमोरी या रॉम भी कहते हैं। जैसा कि नाम से स्पष्ट है, इस मेमोरी को केवल पढ़ सकते हैं। लेकिन इस पर लिख या एडिट नहीं कर सकते। कंप्यूटर चालू करने के निर्देश रॉम पर ही स्टोर रहते हैं।

सेकंडरी (परमानेंट) मेमोरी

सेकंडरी मेमोरी का सूचना को लंबे समय तक स्टोर करने के लिए प्रयोग करते हैं। इसे **परमानेंट मेमोरी** भी कहते हैं। यह कंप्यूटर ऑफ होने के बाद भी डेटा को स्टोर रखती है।

निम्नलिखित डिवाइसेस डेटा को परमानेंट स्टोर करने के लिए प्रयोग की जाती हैं—

- फ्लॉपी डिस्क
- हार्ड डिस्क
- सी.डी., डी.वी.डी.
- पेन ड्राइव
- मेमोरी कार्ड
- ब्लू रे डिस्क

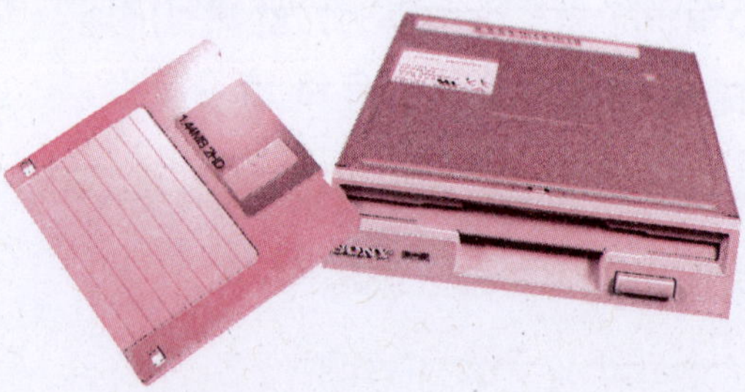

फ्लॉपी डिस्क

इसे 1.44 एम.बी. से कम डेटा को स्टोर करने के लिए इस्तेमाल करते हैं। इसका प्रयोग बहुत कम हो गया है, क्योंकि आजकल डेटा का आकार बड़ा होता है, जो फ्लॉपी में नहीं समाता।

हार्ड डिस्क

इसका प्रयोग बड़े आकार के डेटा को स्टोर करने के लिए किया जाता है। आजकल 80 से 500

जी.बी. तक डेटा हार्ड डिस्क पर स्टोर किया जाता है। आगे यह क्षमता 1,000 जी.बी. या इससे अधिक हो सकती है।

सी.डी. / डी.वी.डी.

सी.डी. का पूरा नाम **कॉम्पैक्ट डिस्क** है। यह 4.75 इंच व्यास की एक प्लास्टिक की डिस्क होती है। यह 650 से 700 एम.बी. तक का डेटा स्टोर कर सकती है। डी.वी.डी. का पूरा नाम डिजिटल वर्साटाइल डिस्क या डिजिटल वीडियो डिस्क है। इसमें सी.डी. की तरह ऑप्टिकल डिस्क मेमोरी प्रयोग होती है। इसमें 4.7 से 8.5 जी.बी. तक का डेटा स्टोर किया जाता है। ये कई प्रकार की होती हैं, जिनका प्रयोग केवल डेटा लिखने, केवल डेटा पढ़ने या दोनों काम करने के लिए होता है। ये भी 4.75 इंच व्यास की होती हैं। डी.वी.डी. पर डेटा लिखने के लिए डी.वी.डी. राइटर की जरूरत होती है। डी.वी.डी. राइटर से सी.डी. पर भी लिखा जा सकता है।

अतिरिक्त जानकारी एम.बी./जी.बी.

- एम.बी. (मेगाबाइट) और जी.बी. (गीगाबाइट) डेटा मापने की इकाई हैं।
- एक सी.डी. = 486 फ्लॉपी
- 4.7 जी.बी. की एक डी.वी.डी. = 7 सी.डी. या 3,340 फ्लॉपी
- 80 जी.बी. हार्ड डिस्क = 17 डी.वी.डी. या 117 सी.डी. या 56,900 फ्लॉपी
- हार्ड ड्राइव की क्षमता > डी.वी.डी. > डी.वी.डी. > सी.डी. फ्लॉपी

यू.एस.बी. पेन ड्राइव

इनका प्रयोग मध्यम या बड़े आकार के डेटा को स्टोर करके लाने-ले जाने के लिए किया जाता है। इन पर रीड और राइट किया जा सकता है। ये अलग-अलग क्षमताओं के होते हैं, जैसे—1 जी.बी., 2 जी.बी., 4 जी.बी., 8 जी.बी. और 32 जी.बी. तक। ये प्रयोग में बहुत आसान और तेज चलते हैं।

मेमोरी कार्ड

इनका प्रयोग कैमरे और मोबाइल फोन में डेटा स्टोर करने के लिए होता है। इन पर स्टोर डेटा को कंप्यूटर में ट्रांसफर करके प्रोसेस भी किया जा सकता है और वहाँ से स्टोर भी किया जा सकता है।

इन्हें लिखने और पढ़ने के लिए भी प्रयोग करते हैं।

हाईडेफिनेशन डिस्क/ ब्लू रे डिस्क/ एच.डी. डिस्क

ये डी.वी.डी. का एडवांस्ड रूप हैं। 4.75 इंचवाली प्लास्टिक जैसी डिस्क में आप 30 से 50 जी.बी. तक डेटा ले जा सकते हैं। इस एच.डी. / ब्लू रे डिस्क पर डेटा लिखने के लिए एच.डी. राइटर या ब्लू रे राइटर की आवश्यकता होती है।

याद करें

- कंप्यूटर सिस्टम में प्राइमरी और सेकंडरी दो विधियों से डेटा स्टोर किया जाता है।
- प्राइमरी मेमोरी अस्थायी होती है ओर सेकंडरी मेमोरी स्थायी होती है।
- आप डेटा को सेकंडरी स्टोरेज जैसे—फ्लॉपी, हार्ड डिस्क, सी.डी. / डी.वी.डी., पेन ड्राइव, मेमोरी कार्ड पर स्टोर कर सकते हैं।

अभ्यास

सेकंडरी   मेमोरी   कम   मेमोरी कार्ड   प्राइमरी मेमोरी

(अ) शब्दों की सहायता से रिक्त स्थान भरिए—

1. टेंपररी मेमोरी को .... कहते हैं।
2. परमानेंट मेमोरी को .... कहते हैं।
3. .... का प्रयोग करके मोबाइल फोन और कैमरे में डेटा स्टोर करते हैं।
4. फ्लॉपी डिस्क में सी.डी. से .... डेटा स्टोर होता है, जबकि सी.डी. में डी.वी.डी. से कम और डी.वी.डी. में हार्ड डिस्क से कम स्टोर होता है।

(ब) सही के लिए (स) और गलत के लिए (ग) लिखिए—

1. सेकंडरी मेमोरी को रैंडम एक्सेस मेमोरी कहते हैं। ☐
2. फ्लॉपी डिस्क में डेटा स्टोर करने के लिए फ्लॉपी ड्राइव की आवश्यकता होती है। ☐
3. सी.डी. और डी.वी.डी. का प्रयोग केवल डेटा पढ़ने के लिए किया जाता है। ☐

(स) प्रैक्टिकल

मेमोरी डिवाइस के कई चित्र एकत्र करके नीचे खाली स्थान पर चिपकाइए और उनके अंतर के विषय में कक्षा में चर्चा करिए।

शिक्षकों से

- छात्रों को विभिन्न मेमोरी डिवाइस दिखाएँ और उनके बारे में बताएँ।
- प्रत्येक डिवाइस के आकार और क्षमता के बारे में समझाएँ।

बहुविकल्पीय प्रश्न

निम्न चार विकल्पों में से किसी एक सही विकल्प पर निशान (✔) लगाएँ।

1. सी.डी.-रॉम किसका रूप है?

अ. इनपुट डिवाइस

ब. आउटपुट डिवाइस

स. मेमोरी

द. प्रोसेसिंग डिवाइस

2. निम्न में से किसकी स्टोरेज क्षमता अधिक होती है? याद रखें कि जी.बी. एम.बी. से अधिक होते हैं।

अ. 1.44 एम.बी. फ्लॉपी डिस्क

ब. 7 एम.बी. सी.डी.-रोम

स. 4.3 जी.बी डी.वी.डी.

द. 80 जी.बी. हार्ड डिस्क

3. मेमोरी के प्रकार हैं—

अ. टेंपररी

ब. परमानेंट

स. अ और ब दोनों

द. माउस और कीबोर्ड

4. कैमरे और मोबाइल फोन में मूवी, इमेज और साउंड रिकॉर्ड करने के लिए क्या प्रयोग करते हैं?

अ. चार्जर

ब. मेमोरी कार्ड

स. यू.एस.बी. ड्राइव

द. डी.वी.डी.

9 पेरिफेरल्स (बाहरी एवं आंतरिक उपकरण)

कुछ अतिरिक्त और वैकल्पिक डिवाइस होते हैं। इन्हें कंप्यूटर से जोड़कर स्कैनिंग, प्रिंटिंग, गेम खेलना जैसे काम किए जाते हैं। ऐसी डिवाइस **पेरिफेरल्स** कहलाते हैं। ये कंप्यूटर के संचालन के लिए आवश्यक नहीं हैं, परंतु इन्हें जोड़कर कंप्यूटर की कार्य-सीमा बढ़ाई जा सकती है। पेरिफेरल्स के उदाहरण जॉयस्टिक, प्रिंटर और स्कैनर आदि हैं।

पेरिफेरल्स आंतरिक (इंटरनल) और बाह्य (एक्सटर्नल) दोनों प्रकार के होते हैं। आइए, अब इनकी विस्तार से चर्चा करें।

बाह्य पेरिफेरल्स

ये कंप्यूटर के बाहर से जुड़े रहते हैं और सामान्यतया सी.पी.यू. में कैबिनेट के पीछे से जोड़े जाते हैं। क्योंकि इन्हें कंप्यूटर के बाहर रखकर केबिल द्वारा जोड़कर प्रयोग किया जाता है, अतः इन्हें बाह्य पेरिफेरल्स कहते हैं। कुछ बाह्य पेरिफेरल्स निम्न प्रकार हैं।

स्कैनर

स्कैनर का प्रयोग इमेज स्केन करने में होता है। यह डॉक्यूमेंट, फोटो आदि को डिजिटल फॉरमेट में बदल देता है, जिसे कंप्यूटर पर एडिट किया जा सकता है।

जॉयस्टिक

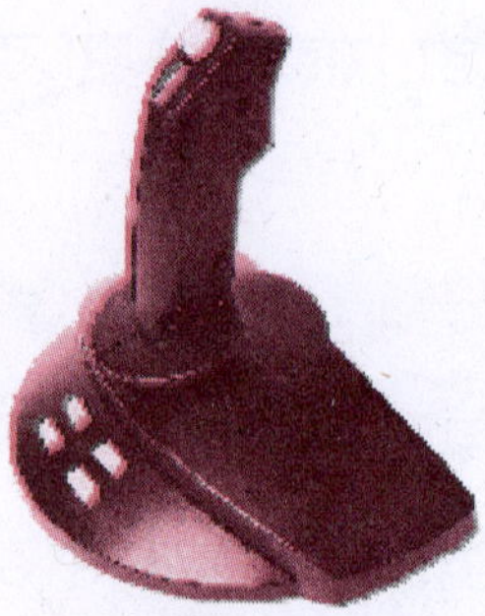

जॉयस्टिक का प्रयोग गेम खेलने के लिए किया जाता है। इसका हैंडल आगे-पीछे, दाएँ-बाएँ मूव करने के लिए इस्तेमाल होता है। इसमें कुछ बटन अलग कार्यों के लिए होते हैं, जैसे—फायर, लोड, अनलोड, हथियार बदलने आदि के लिए।

गेम पैड

गेम पैड का प्रयोग भी गेम खेलने के लिए होता है। इसके बटन मूव करने और अन्य कार्यों जैसे—टर्बो, पावर, जंप, किक आदि में सहायता करते हैं।

गेम व्हील

इसका प्रयोग रेसिंग गेम खेलने में किया जाता है। इसमें एक पहिया होता है जो कार ट्रक, बस जैसे वाहनों की दिशा नियंत्रित करने में इस्तेमाल होता है और पैडल स्पीड बढ़ाने और ब्रेक लगाने के काम आता है।

वेब कैमरा

वेब कैमरे का प्रयोग इमेज या वीडियो खींचने के लिए किया जाता है। इससे वीडियो चैटिंग भी करते हैं।

आंतरिक पेरिफेरल्स

आंतरिक या इंटरनल पेरिफेरल्स कैबिनेट के अंदर रहते हैं। ये विशेष तारों द्वारा मदरबोर्ड से जुड़े रहते हैं।

सी.डी. ड्राइव / सी.डी. राइटर

सी.डी. ड्राइव सी.डी. पर स्टोर डेटा पढ़ने के काम आता है।
सी.डी. राइटर से सी.डी. पर डेटा लिख या पढ़ सकते हैं।

डी.वी.डी. ड्राइव / डी.वी.डी. राइटर

डी.वी.डी. ड्राइव डी.वी.डी. पर स्टोर डेटा पढ़ने के काम आता है।
डी.वी.डी. राइटर से डी.वी.डी. पर डेटा लिख या पढ़ सकते हैं।
इससे सी.डी. पर भी लिखा जा सकता है।

फ्लॉपी ड्राइव

यह एक ड्राइव है, जिसमें फ्लॉपी पर लिखा-पढ़ा जाता है। इसे फ्लॉपी डिस्क ड्राइव या एफ.डी.डी. भी कहते हैं।

मेमोरी कार्ड रीडर

इसका प्रयोग कैमरे या मोबाइल फोन के मेमोरी कार्ड से डेटा रीड करने में होता है। मेमोरी कार्ड रीडर द्वारा मेमोरी कार्ड पर स्टोर डेटा को कंप्यूटर में भी स्थानांतरित किया जा सकता है।

बार कोड रीडर

आजकल इनका प्रयोग दुकानों और मॉल्स में बिल बनाने के लिए होता है। इसके स्कैनर द्वारा वस्तुओं के बार कोड स्केन किए जाते हैं और उन्हें मूल्य में परिवर्तित करके बिल बनाया जाता है।

यू.पी.एस.

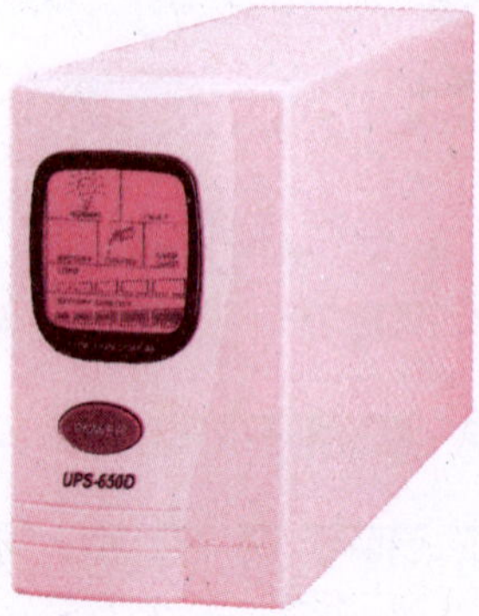

यू.पी.एस. का पूरा नाम **अनइंटरप्टेड** पावर सप्लाई है। इस उपकरण में एक या अधिक बैटरियाँ लगी होती हैं। यह बिजली चले जाने पर भी कंप्यूटर को लगातार करंट देता रहता है।

कंप्यूटर तब तक चालू रह सकता है, जब तक बैटरी खत्म न हो जाए।

याद करें

- पेरिफेरल्स को आंतरिक और बाह्य डिवाइस में बाँटा गया है।
- स्कैनर का प्रयोग इमेज को स्केन करने में होता है।
- जॉयस्टिक, गेम पैड, गेम व्हील गेम खेलने के लिए इस्तेमाल होते हैं।
- वेब कैमरा इमेज खींचने के लिए इस्तेमाल होता है।
- इंटरनल डिवाइस सी.डी. रॉम ड्राइव, डी.वी.डी. रॉम ड्राइव और फ्लॉपी ड्राइव हैं।
- ट्रैक बॉल, टच पैड, पॉइंटिंग स्टिक और लाइट पेन पॉइंटिंग डिवाइस हैं।
- यू.पी.एस. का प्रयोग पावर बैकअप के लिए होता है।

अभ्यास

(अ) सही के लिए (स) और गलत के लिए (ग) लिखिए—

1. बाह्य पेरिफेरल्स कंप्यूटर में कैबिनेट के अंदर लगे होते हैं। ☐
2. आंतरिक पेरिफेरल्स कंप्यूटर कैबिनेट के बाहर जुड़े होते हैं। ☐
3. सी.डी. राइटर का प्रयोग सी.डी. पर डेटा स्टोर करने के लिए होता है। ☐
4. डी.वी.डी. राइटर का प्रयोग डी.वी.डी. और सी.डी. दोनों पर डेटा स्टोर करने के लिए होता है। ☐
5. यू.पी.एस. का प्रयोग पावर बैकअप के लिए होता है। ☐

(ब) बिंदुओं को मिलाएँ और इस पेरिफेरल का क्या नाम है ?

....

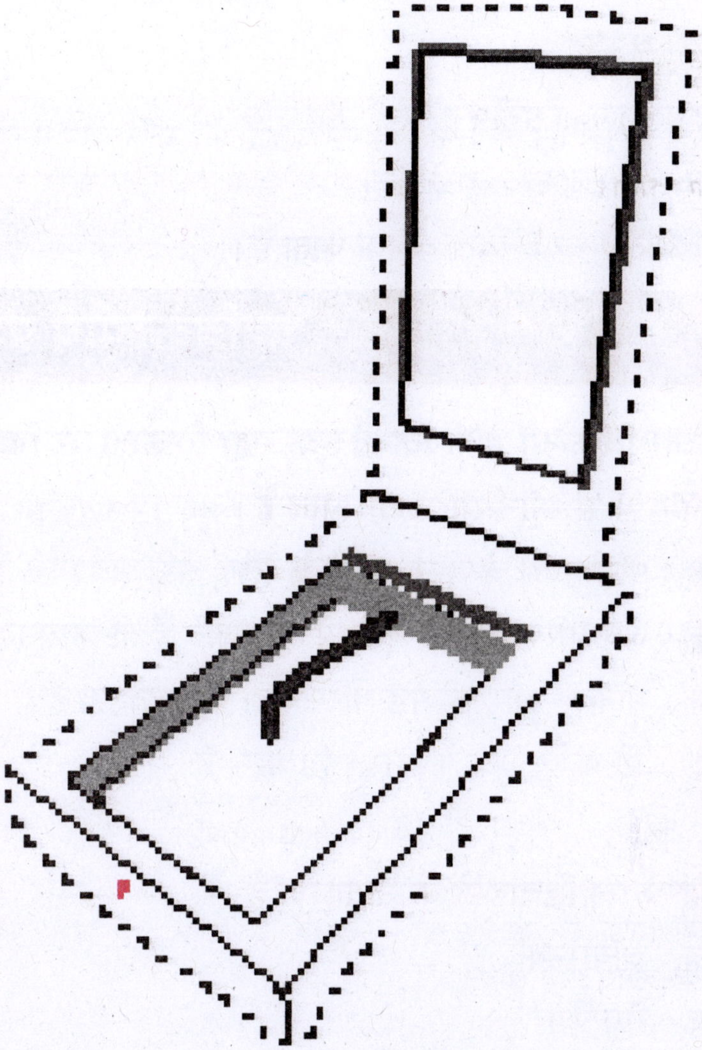

(स) प्रैक्टिकल

विभिन्न पेरिफेरल डिवाइसों के चित्र इकट्ठे करके नीचे दिए गए स्थान पर चिपकाएँ और उनके इनपुट, आउटपुट आदि फंक्शनों पर चर्चा करें।

शिक्षकों से

- छात्रों को विभिन्न पेरिफेरल डिवाइसें दिखाएँ और उनके कार्य समझाएँ।
- अन्य डिवाइसों पर चर्चा भी करें।

बहुविकल्पीय प्रश्न

निम्न चार विकल्पों में से किसी एक सही विकल्प पर निशान (✔) लगाएँ।

1. निम्न में से कौन सा कथन सत्य है?

अ. पेरिफेरल्स कंप्यूटर चलने के लिए अतिआवश्यक है।

ब. जब पेरिफेरल्स कंप्यूटर से जुड़ जाते हैं तो कंप्यूटर की कार्य-सीमा बढ़ जाती है।

स. मॉनीटर और कीबोर्ड पेरिफेरल्स के उदाहरण हैं।

द. सी.पी.यू. एक पेरिफेरल डिवाइस है।

2. पेरिफेरल डिवाइसों के उदाहरण हैं—

अ. जॉयस्टिक

ब. गेम पैड

स. वेब कैमरा

द. उपर्युक्त सभी

3. आंतरिक पेरिफेरल डिवाइस हैं—

अ. सी.डी. राइटर, डी.वी.डी. राइटर, सी.डी. ड्राइव. डी.वी.डी. ड्राइव,

ब. मॉनीटर, प्रिंटर

स. की-बोर्ड, माउस

द. पेन ड्राइव, यू.पी.एस.

उत्तरमाला

अध्याय 1

(अ) निम्न का मिलान करें—

1. ब 2. अ 3. द 4. स 5. ज 6. च 7. छ

(ब) शब्दों की सहायता से रिक्त स्थान भरें—

1. पर्सनल कंप्यूटर 2. नोट्स बुक, लैपटॉप 3. तेज

4. मॉनीटर, कीबोर्ड, सी.पी.यू., स्पीकर 5. यूजर

(स) गलत शब्दों को सही करके रिक्त स्थान भरिए—

1. डेस्कटॉप 2. कंप्यूटर 3. लैपटॉप 4. यूजर

(द) सही के लिए (स) गलत के लिए (ग) लिखिए—

1. ग 2. स 3. ग 4. स 5. ग 6. स

(च) शब्द खोज—

स	ठ	ड	च	मा	[illegible]	[illegible]	ते
।	।	ट	[illegible]	उ	पॉ	[illegible]	ज
स	ळ	च	[illegible]	स	व	श्र	[illegible]
डे	स्क	टॉ	प	[illegible]	र	मै	ट
[illegible]	[illegible]	च	ज	ट	फु	क	क
च	फ	झ	ज	[illegible]	ल	[illegible]	ट
यू	ज	र	[illegible]	[illegible]	ठ	[illegible]	[illegible]
क	[illegible]	[illegible]	[illegible]	स	च	[illegible]	[illegible]

बहुविकल्पीय प्रश्न

1. अ 2. द 3. ब 4. द 5. द

अध्याय 2

(अ) निम्न का मिलान करो—

1. स 2. छ 3. ज 4. ब 5. च 6. अ 7. द

(ब) गलत शब्दों को सही करके रिक्त स्थान भरिए—

1. डिजाइनिंग 2. ऑटोमैटिक 3. ऑटोपायलट 4. मल्टीमीडिया

5. कैल्कुलेशन

(स) सही के लिए (स) गलत के लिए (ग) लिखिए—

1. ग 2. स 3. स

(द) शब्द खोज :

सि	क	यो	रि	टी	ज	ʼ	मू
टि	ज	हे	ब	ह	क	ज	वी
के	ह	ल	ळ	ह	ः	स	ज
ट्	श्र	थ	ज्ञ	ट	स	न	स
स	ठ	ट	ट	म	ʼ	ʼ	ज
।	ज	म	त	म	ʼ	म	ः
न	ट	ʼ	ग	ʼ	ए	टी	एम
रि	ज	ल	ट	त	ट	ज	ल

बहुविकल्पीय प्रश्न

1. द 2. द 3. अ 4. अ

अध्याय 3

(ब) गलत शब्दों को सही करके रिक्त स्थान भरिए—

1. मदरबोर्ड 2. मॉनीटर 3. सी.पी.यू. 4. कीबोर्ड 5. माउस 6. हार्डवेयर 7. सॉफ्टवेयर

(ब) शब्द खोज—

ए	ट	ली	के	श	न	स	म	म	म	म
।	ठ	।	ब	ह	क	ः	ट	श्र	ज्ञ	स
म	ह	त	सॉ	फ	ट	वे	य	र	त	म
ट	श्र	क	ज्ञ	ट	स	च	फ	त	ʼ	ज
ड	छ	˘	च	ब	सि	स	ट	म	म	ड
लि	न	क	स	ई	ब	।	ज	ट	ठ	छ
न	ट	त	ग	ʼ	ल	हा	र्ड	वे	य	र
।	ठ	म	डॉ	स	ʼ	ळ	ः	वी	डी	यू

(स) सही के लिए (स) गलत के लिए (ग) लिखिए—

1. ग 2. ग 3. स 4. ग 5. ग

बहुविकल्पीय प्रश्न

1. स 2. द 3. ब 4. अ 5. ब 6. स 7. ब 8. ब

अध्याय 4

(अ) गलत शब्दों को सही करके रिक्त स्थान भरिए—

1. डेटा 2. इनपुट 3. आउटपुट 4. प्रोसेसिंग 5. मेमोरी 6. इन्फॉरमेशन 7. फाइल

बहुविकल्पीय प्रश्न

1. द 2. स 3. ब 4. अ

अध्याय 5

(अ) शब्द खोज—

।	न	म	पै	ड	[illegible]	[illegible]	ळ
स	टा	इ	ल	स	छ	[illegible]	[illegible]
[illegible]	ड	श्र	ज्ञ	स	ड	छ	ठ
च	प्रिं	ट	र	छ	ज	[illegible]	[illegible]
फ	।	[illegible]	[illegible]	ज	[illegible]	ट	[illegible]
ग	क	ल	[illegible]	।	ठ	७	क
ब	ट	न	[illegible]	[illegible]	[illegible]	ळ	[illegible]
[illegible]	[illegible]	श्र	ज्ञ	स	ड	छ	ग
की	ज	ल	स	[illegible]	[illegible]	ठ	[illegible]
च	फ	[illegible]	[illegible]	ज	[illegible]	ट	ड

(ब) शब्दों की सहायता से रिक्त स्थान भरो—

1. इनपुट 2. लेफ्ट क्लिक 3. राइट क्लिक 4. डबल क्लिक 5. कर्सर 6. टच पैड

(द) सही के लिए (स) गलत के लिए (ग) लिखिए—

1. स 2. ग 3. ग 4. ग

बहुविकल्पीय प्रश्न

1. द 2. ब 3. स 4. अ

अध्याय 6

(अ) गलत शब्दों को सही करके रिक्त स्थान भरिए—

1. मॉनीटर 2. स्पीकर 3. प्रिंटर 4. डॉट मैट्रिक्स 5. इंकजेट 6. लेजरजेट

(ब) शब्दों की सहायता से रिक्त स्थान भरें—

1. डॉट मैट्रिक्स प्रिंटर, इंकजेट, लेजरजेट
2. मॉनीटर, स्पीकर, प्रिंटर
3. विजुअल डिस्प्ले यूनिट

बहुविकल्पीय प्रश्न

1. द 2. द 3. अ 4. ब

अध्याय 7

(अ) शब्द खोज—

कं	ट्रो	ल	[illegible]	[illegible]	[illegible]	ठ	ठ	।	[illegible]	क
।	ठ	७	क	[illegible]	[illegible]	ळ	[illegible]	[illegible]	श्र	कै
ज्ञ	स	पा	ठ	छ	ज	[illegible]	ठ	स	ड	बि
छ	ठ	व	फ	[illegible]	[illegible]	ज	[illegible]	ट	[illegible]	ने
ग	ल	र	।	ठ	७	क	[illegible]	[illegible]	ळ	ट
[illegible]	[illegible]	म	द	र	बो	र्ड	[illegible]	[illegible]	ठ	[illegible]
।	ठ	७	प्रो	से	स	र	छ	[illegible]	ज	क

(ब) सही के लिए (स) गलत के लिए (ग) लिखिए—

1. स 2. ग 3. स 4. स

बहुविकल्पीय प्रश्न

1. छ 2. द 3. अ

अध्याय 8

(अ) शब्दों की सहायता से रिक्त स्थान भरें—

1. प्राइमरी मेमोरी 2. सेकंडरी मेमोरी 3. मेमोरी कार्ड 4. कम

(ब) सही के लिए (स) गलत के लिए (ग) लिखिए—

1. ग 2. स 3. ग

बहुविकल्पीय प्रश्न

1. स 2. द 3. स 4. ब

अध्याय 9

(ब) सही के लिए (स) गलत के लिए (ग) लिखिए—

1. ग 2. ग 3. स 4. स 5. स

बहुविकल्पीय प्रश्न

1. ब 2. द 3. अ